# 战争中的希特勒

《战争中的希特勒》详述了史上最大恶魔之一——希特勒的生平和罪孽，展示了他的早年生活、向权力之巅的攀登和征服欧洲的野心。本书列述了希特勒的十大决定性时刻，包括他在纳粹党的早年生涯、残忍的"长剑之夜"和他在元首地堡的最后时光。本书全面细致地解读了第二次世界大战中的重大战役和军事时刻——从早期的闪击战策略、成功侵略英国，到做出挑战苏联这一注定失败的计划，以及德意志第三帝国在柏林的最后之战。本书还探究了希特勒的领导风格及其对战争的影响，并对导致希特勒覆灭和纳粹德国倒台的战略性失误展开了分析。

# 目录

**06 希特勒的十大决定性时刻**
探索希特勒生平的关键事件

## 早年时光

**26 恶魔的塑造**
成长经历是如何塑造希特勒的

**39 希特勒的崛起**
从暴乱到镇压——希特勒如何走上权力之巅

## 第二次世界大战

**54 战争中的希特勒**
希特勒的领导力及其对第二次世界大战的影响

**68 闪击战：希特勒的闪电战**
纳粹战争机器使欧洲臣服

**76 希特勒的英国之战**
希特勒首尝战败之味

**86 隆美尔的非洲军团**
在元首的这位"沙漠之狐"手下生活是怎样的呢？

**102 对巴尔干迟到的突袭**
墨索里尼的失败迫使希特勒耗费巨大进行干预

**108 希特勒VS斯大林：巴巴罗萨行动**
希特勒在东线与势均力敌的对手相遇

ALL ABOUT HISTORY

萤火虫 006

HITLER AT WAR

[英]艾米·贝斯特 编著
刘宇飞 译

# 战争中的希特勒

中国画报出版社·北京

图书在版编目（CIP）数据

战争中的希特勒 /（英）艾米·贝斯特编著；刘宇飞译. —北京：中国画报出版社，2020.11（2023.7重印）
（萤火虫书系）
ISBN 978-7-5146-1896-9

Ⅰ.①战… Ⅱ.①艾… ②刘… Ⅲ.①希特勒（Hitler, Adolf 1889—1945）- 传记 Ⅳ.①K835.167=52

中国版本图书馆CIP数据核字(2020)第036626号

Articles in this issue are translated or reproduced from History of War: Hitler at War Second Edition and are the copyright of or licensed to Future Publishing Limited, a Future plc group company, UK 2018. Used under licence. All rights reserved. All About History is the trademark of or licensed to Future Publishing Limited. Used under licence.

著作权合同登记号：图字01-2020-3239

## 战争中的希特勒

[英] 艾米·贝斯特 编著　刘宇飞 译

出 版 人：于九涛
责任编辑：廖晓莹
责任印制：焦　洋

出版发行：中国画报出版社
地　　址：中国北京市海淀区车公庄西路33号　邮编：100048
发 行 部：010-88417410　010-68414683（传真）
总编室兼传真：010-88417359　版权部：010-88417359

开　　本：16开（787mm×1092mm）
印　　张：13.25
字　　数：300千字
版　　次：2020年11月第1版　2023年7月第5次印刷
印　　刷：万卷书坊印刷（天津）有限公司
书　　号：ISBN 978-7-5146-1896-9
定　　价：65.00元

尽管希特勒在第一次世界大战中侥幸存活，但是他的参战经历，或许更重要的是，他的投降经历，对他产生的影响更加深远。

128　**希特勒的死亡集中营**
犹太人问题的终极解决方案

139　**库尔斯克会战**
失败正朝希特勒缓缓走来

152　**希特勒的复仇：阿登高地**
德意志第三帝国的最后反攻

171　**柏林之战**
希特勒的背水一战和德意志第三帝国的终结

## 一个时代的结束

182　**元首地堡的黄昏**
元首在柏林地堡中的最后岁月

196　**希特勒最大的战略性失误**
探究希特勒最大的军事错误

206　**如果希特勒拿下莫斯科，会怎样？**
若苏联失败，历史将如何重写

# 希特勒的十大决定性时刻

从纳粹党的早期生涯到柏林地堡的最后时光,探究希特勒生平中的十大关键事件。

1889年4月20日，在奥匈帝国的一个小镇里，阿洛伊斯·希特勒（Alois Hitler）和克拉拉（Klara）的第三个孩子出生了。当时，没有人知道这个叫作阿道夫的孩子会成为历史上最臭名昭著的魔头。还是个小孩子时，阿道夫就叛逆而又倔强。他梦想成为一名艺术家，但他和父亲冲突不断，学业也不尽如人意。和当时那代人的轨迹一样，阿道夫发现自己处在西线的战壕中，于是便成为了德军的一名通信兵。尽管希特勒在第一次世界大战中侥幸存活，但是他的参战经历，或许更重要的是，他的投降经历，对他产生的影响更加深远。希特勒于1945年去世，这位元首大起大落的经历被完整记录，无数史学家对他的一生展开了研究。在希特勒的一生中，但凡重大事件发生的轨迹出现一点不同，那么德国、欧洲和整个世界的历史都会走向另一条道路。

有些事件的发生纯属偶然。如果在啤酒馆暴动中子弹稍微偏向左边会怎样？如果1944年7月，上校没有将装有炸药的公文包放在希特勒身边又会怎样？在很多情况下，希特勒的命运都是由别人的行动所决定的，从内维尔·张伯伦（Neville Chamberlain）采取绥靖政策愿同德国讲和避免战争，到隆美尔违抗军令从阿拉曼撤退，皆是如此。而一些关键性的时刻也使希特勒形成了自己扭曲的价值观，这从首次召开纳粹行动会议，到下令将数以百万计的人押至集中营，可见一斑。

就此，我们将探讨希特勒人生的十大具有历史意义的时刻——没有这些时刻，历史会截然不同。

**在华尔街崩盘后的大萧条期间，希特勒的人气高涨。**

# 希特勒加入纳粹  1919年9月12日

希特勒首次接触促使他形成扭曲价值观的政党。

一等兵阿道夫·希特勒在西线战壕的毒气袭击中受伤入院。住院期间，他听到了德国在"一战"中投降的消息。他把德国的投降视作背后插刀，是可疑势力控制政府达成的阴谋。必须有人为这一切赎罪，而唯一的问题是怎么让人赎罪。此后，希特勒继续留在德军并受训成为情报特工。29岁时，他被派去渗透德国工人党（DAP）——一个致力于国家复兴的右翼组织。德国工人党领袖安东·德莱克斯勒（Anton Drexler）认为，德国受到了犹太人、马克思主义者和资本主义者的腐蚀，而希特勒不久就被德莱克斯勒洗脑。这位未来的元首发现，自己所在的这一集体的目标是对德国在1918年11月的战败复仇。希特勒没有选择告发工人党，而是加入了该党。很快，人们就发现了希特勒是一位出色的演说家。

希特勒迅速脱颖而出。他设计了改名为"民族社会主义德国工人党"的党旗——一个黑色的"卍"字外加白色圆圈，圈外为红底。在被军队开除后，他成为了纳粹的全职宣传员。不久，党内出现了内部争吵。1921年，希特勒以533：1的票数取代了德莱克斯勒，成为纳粹党党魁。

两年内，希特勒从政府特工变身成政党领袖。而这个政党也将粉碎政府，以及大部分欧洲。

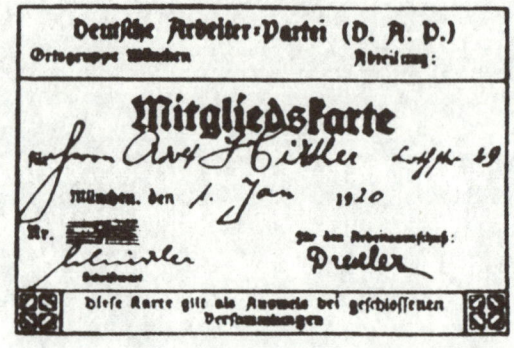
▲ 希特勒在德国工人党刚成立时的成员卡，正是这一政党后来发展成为了纳粹党

▲ 安东·德莱克斯勒，德国工人党的首任领袖，是希特勒身边所有人中对他的政治价值观影响最大的人

> 这位未来的元首发现，自己所在的这一集体的目标是对德国在1918年11月的战败复仇。希特勒没有选择告发工人党，而是加入了该党。

▼ 希特勒（右一）对德国在"一战"中的战败感到失望

# 啤酒馆暴动 1923年11月8日—9日

一场失败的革命和濒死经历使他被捕入狱并改变策略。

▲ 在狱中,希特勒改变了纳粹党上位策略。他摒弃了革命,而将拉拢选票作为目标

希特勒和马克思·欧文·冯·休博纳-里克特(Max Erwin von Scheubner-Richter)挽着手臂,向巴伐利亚的警备线走去。突然,枪声四起。休博纳-里克特被子弹击中肺部,伤势过重,在倒向人行道时拽倒了身边的希特勒。跌倒后,这位纳粹领袖肩膀脱臼。如果这枚子弹往左打偏半米,那么历史恐怕就要重写了。

在啤酒馆暴动引发的流血冲突即将结束之际,希特勒遭受了这样一次濒死经历。前一晚,600名纳粹分子涌入位于慕尼黑的勃格布劳凯勒啤酒馆。当时,巴伐利亚邦长官正在发表演讲。

希特勒跳上一把椅子,朝天开了一枪,宣布国家革命开始了。他的计划是控制慕尼黑后向柏林挺进,这和使墨索里尼掌权时的进军罗马行动如出一辙。不料,在意大利成功的经验却在德国失败了。虽然希特勒说服了"一战"上将埃里希·鲁登道夫(Erich Ludendorff)支持他的行动,但当他在酒馆里宣布了自己的意图后,他发现巴伐利亚国家政府、警察和军队几乎无人支持他。由于判断失误,巴伐利亚邦总理冯·卡尔(Gustav Ritter von Kahr)被释放。随后,他开始集结军队和警察处理这些纳粹革命人士。革命艰难开展,纳粹政变者决定向巴伐利亚国防部挺进,妄图得到民众的支持,但只招来了警察的开火。4名警官和16名纳粹分子死亡。其中一位去世前,希特勒就在他的旁边。当时,希特勒逃离了现场,但于两天后被捕,并因叛国罪受审。庭审历时24天,被国家媒体广泛报道。希特勒将这24天当成了展示的平台。他在庭审期间阐述自己的观点,强调自己对德国人民的无私及忠诚,却只字未提犹太人的阴谋。虽然有罪,但仁慈的法官最终判处希特勒5年徒刑,且不用做苦力。实际上,希特勒只在兰茨贝格监狱服刑了9个月。其间,他也并非懒散度日,而是写下了《我的奋斗》一书,描绘政治图景,思考纳粹党未来的方向。出狱后,希特勒做出计划,希望纳粹改变上位策略,争取大选成功,从系统内部控制政府,而不是通过革命颠覆政权。啤酒馆暴动的失败使希特勒和纳粹试图以选票来夺取政权,而非子弹。

# 华尔街崩盘　1929年10月24日—29日

经济大萧条的后果被一个彻头彻尾的右翼者利用了，只因他承诺解决德国面临的问题。

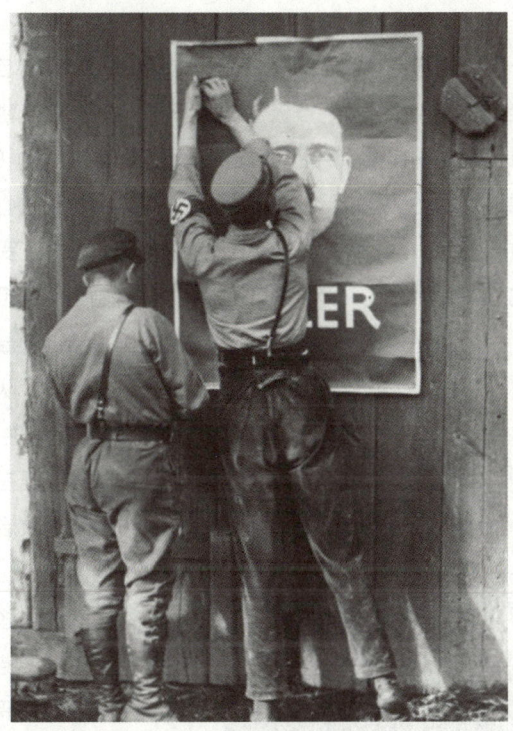

◀ 纳粹断言希特勒是国家的救世主，这在华尔街崩盘造成损失后吸引了极大的关注

1929年10月24日，在华尔街股市开市下跌11个点后，投机者纷纷抛售手中的股份。股价迅速下跌，使这股抛售形成了潮水般的恐慌。股东快速售出股份，以防破产。几周之内，金融市场一直处于失控状态，使得全世界陷入了大萧条。华尔街崩盘使德国遭受了严重影响。德国依赖美国贷款支持经济，而在崩盘事件后，美国召回了贷款，使得德国银行和企业纷纷破产。在危机之中，德国人没有选择在20世纪20年代为国家带来复兴的温和派政党，而是选择了激进派寻求解决方案。

这是希特勒积极想要利用的时机。他承诺为失业者提供工作，为企业带来繁荣。通过停止战争赔款、撕毁令人憎恨的《凡尔赛条约》、击溃共产主义并结束犹太人主导的腐败现象，希特勒宣扬将使德国再次强大。希特勒版本的国家社会主义对于处于绝望的德国国民而言简直就是美妙的音乐，而大选随之来临——1930年，纳粹在德国国会中获得107席，与1928年的12席相比大举逆袭。希特勒终于开始了他的掌权之路。

# 长剑之夜   1934年6月30日—7月2日

在一场对政治对手的残忍突袭中，希特勒在背后捅了前盟友一刀。

和其他的政党一样，纳粹党有自己的观点、政策和利益主张。但希特勒无意领导一群极端右翼分子。他要的是独立控制纳粹党，然后用自己的权威突然地、残暴地打击他眼中的反对者。

1934年6月30日6点左右，纳粹党卫军士兵冲进了汉塞尔保尔（Hanselbauer）酒店；接着，希特勒亲自逮捕了恩斯特·罗姆（Ernst Röhm）。希特勒把罗姆单独关押在牢房里，留下一把手枪。但10分钟后，罗姆依然拒绝自杀，没有遂希特勒的心愿。最后，两名党卫军战士冲进牢房，击中了罗姆的心脏。

罗姆的迅速倒台事件显得尤为特别，因为他之前是希特勒最为坚定的盟友之一。纳粹冲锋队是纳粹的准军队。作为冲锋队的领袖，罗姆在纳粹掌权的过程中扮演了至关重要的角色。罗姆手下的纳粹党员在混乱的集会中保护过希特勒，干扰过希特勒政治对手的会议，于是逐渐成为了纳粹党的治安队。但是，自希特勒受任成为党魁后，冲锋队的这些恶棍更多地成为了一种阻碍，而不是助力。希特勒和罗姆之间的区别也更为明显：希特勒认为罗姆主张的社会变革听上去疑似共产主义；罗姆是公开的同性恋者，而这样的身份同纳粹是健康正派的纯种雅利安人的说法是相悖的；同时，罗姆或将受任全面掌管德国军队。希特勒意识到，罗姆可能寻求更多权力以领导政变，这就使他从盟友变为了潜在的对手，亟待铲除。

不过，罗姆并不是长剑之夜唯一的受害者。在接下来的3天中，党卫军残暴地清洗了党内其他政治对手，声称他们密谋颠覆政权。在暴力的3天结束时，死亡人数达到了85人（虽然真实数字或高达200人），而希特勒也无可争议地成为了纳粹党的领导者。

▲ 恩斯特·罗姆此前是纳粹领袖希特勒的密友，但希特勒却下令谋杀了罗姆。这显示出希特勒的残忍和背叛

# 清洗行动的受害者

长剑之夜标志着德国政治的顶峰——没有人能逃脱希特勒偏执的怒火。

### 恩斯特·罗姆
（Ernst Röhm）
罗姆于1919年加入纳粹党，同希特勒几乎同一时间入党。此后，罗姆迅速成为了刚成立的冲锋队领袖。1934年，罗姆担任450万纳粹准备军——纳粹冲锋队的总司令，成为了希特勒潜在的危险对手。

### 埃德蒙·海涅
（Edmund Heines）
他是罗姆在冲锋队里的副手。据说，在党卫军突袭汉塞尔保尔酒店时，发现海涅和一名18岁的男子一同在床上。海涅和他的床伴被党卫军带到外边枪杀，而海涅的深夜境遇也被纳粹媒体大肆报道。

### 高尔·施特拉塞尔
（Gregor Strasser）
施特拉塞尔是一名能干的管理人员，帮助纳粹从草根成长起来，但他与希特勒对国家社会主义的目标持不同意见。被捕后，施特拉塞尔后背中枪，在牢房中因失血过多死亡。

### 弗朗兹·冯·巴本
（Franz Von Papen）
哪怕是希特勒的副总理——一位由兴登堡总统任命的非纳粹人士，目的是遏制纳粹，以防走向极端——也卷入了"长剑之夜"中。巴本在家中被党卫军逮捕。他意识到自己的地位岌岌可危后便辞职了。

### 赫伯特·冯·玻色
（Herbert Von Bose）
虽然冯·巴本在"长剑之夜"中没有丧命，但他身边的人可就没有这么幸运了。在党卫军占领副总理办公室时，他的新闻秘书赫伯特·冯·玻色被党卫军从背后击中。

### 库尔特·冯·施莱歇
（Kurt Von Schleicher）
在希特勒之前，施莱歇是德国总理，而且他还是恩斯特·罗姆的密友，同希特勒的对手进行过密谋。党卫军刺客来到他家，在施莱歇开门后，将他和他的妻子杀害。

### 冯·卡尔
（Gustav Ritter Von Kahr）
在此前11年，时任巴伐利亚总理的卡尔镇压了啤酒馆暴动。希特勒在"长剑之夜"中抓住机会寻求报复，尽管卡尔已不再担任公职，且对希特勒和纳粹而言并不构成威胁。

### 维利·施密德
（Willi Schmid）
在一场认错人的悲剧中，音乐评论家维利·施密德被党卫军误杀。他们将施密德认成了路德维希·施密特（Ludvig Schmitt），施密特是希特勒反对者奥托·施特拉塞尔（Otto Strasser）的支持者。

# 慕尼黑会议  1938年9月30日

"我们这个时代的和平"导致捷克斯洛伐克背叛；
元首出现致命的自负心理。

时任英国首相的内维尔·张伯伦从停在赫斯顿飞机场中的一架飞机中走出时，举起一张纸，庆贺"我们这个时代的和平"。希特勒同样狂喜，但这位德国领导人并没有庆贺和平——他庆祝的是再一次不战而胜了英国。自1933年希特勒掌权以来，不断地挤压着外交政策的边界。他派部队前往莱茵兰，反对《凡尔赛条约》；他大肆扩充德国军队，招兵人数远超限制；他吞并了奥地利，创建了更大的德国家园，而英国和法国对此的回应不过是嘟囔几句。希特勒的下一个目标是苏台德地区。这块地处捷克斯洛伐克北部、西部的地区中有大量的德国少数民族，因此希特勒认为苏台德地区本就属于德意志帝国。他在苏台德地区密谋骚乱，目的是清楚地表明德国已准备干预，达成和平协议。

战争的大门即将拉开。张伯伦飞往慕尼黑试图探讨出解决方案。这一纯粹的绥靖政策受到英国人的支持，毕竟没有人愿意在"一战"结束后这么短的时间内再次经历战争。但是自此，绥靖政策就成为了"天真投降"的代名词。张伯伦和希特勒瓜分了捷克斯洛伐克。他们同意只要双方尊重两国未来边界地带，德国就可以吞并苏台德地区。当希特勒和张伯伦签好了协议，一声轻松的叹气似乎响彻整个欧洲。然而，捷克斯洛伐克——作为英国和法国的盟友——并没有加入协商，于是捷克斯洛伐克将这场会议视作"慕尼黑背叛"。不过，张伯伦视作成功的协商结果在希特勒眼中却是懦弱的象征。希特勒把慕尼黑会议当成英国无意开战的证据。仅6个月内，他就违反了协议，派德军前往未被占领的捷克斯洛伐克地区入驻。但是，慕尼黑协议也导致元首过于自信。他认定英国一定会坚守绥靖政策，但没想到张伯伦会跟进对波兰中立的保证，并在1939年9月对德国开战。希特勒也没想到，英国会在敦刻尔克后独自作战。虽然希特勒在慕尼黑会议中成功轻取捷克斯洛伐克，但也是这场会议使德国和英国陷入了世界大战之中。

**张伯伦视作成功的协商结果在希特勒眼中却是懦弱的象征……是英国无意开战的证据。**

▲ 张伯伦的绥靖政策成功阻止了欧洲战争的爆发，但这一举措带来的和平是短暂的

# 第二个贡比涅  1940年6月21日—22日

在战胜法国后，民众对希特勒的支持达到了前所未有的高度。

1940年6月，希特勒在与法国军队及政府代表会面签署停战协议时，精心选择了地址。22年前，德国在贡比涅森林向同盟国投降，并签署了"一战"停战协议。希特勒命令使用同一截火车车厢，坐在了福煦元帅向德国口述条款的座椅上。接着，希特勒离开车厢，让他的随从监督停战条款的撰写，展现了对战败的法国的鄙视姿态。至此，为德国在1918年蒙羞所做的报复已经完成。希特勒没有留下来签署停战协议，而是抓住机会大举宣传。他来到巴黎，在法国最著名的地标建筑——埃菲尔铁塔前拍照。他的意思很明确：法国如今受德国控制了。

德国在短短6周内就仅以损失2.7万名德军的代价打败了它的旧敌——希特勒一开始还以为自己会损失100万名德军。

几天后，希特勒回到柏林，迎接他的是潮水般的支持和对战争的热情。纳粹和他们的元首达到了人气的巅峰，至少在当时，似乎只有英国还待这架战争机器攻克。德国对欧洲的控制看上去是万无一失了。

▲ 德军在6月14日进入巴黎，当时几乎没有遇阻

▼ 为防止德国人把德国国旗挂到塔顶,法国人切断了埃菲尔铁塔的提升索

他的意思很明确:法国如今受德国控制了。

# 最后解决  1941年12月18日

欧洲犹太人的悲惨命运在元首和他的党卫军的一次会议中被定夺。

1941年12月,海因里希·希姆莱(Heinrich Himmler)同希特勒会面时,询问元首该怎样处置苏联占领区的犹太人。根据希姆莱的记录,希特勒的回答很直接:"当成异见者处决"。这几乎和历史学家得出的结论一致,那就是希特勒是直接下命令对犹太人进行种族屠杀——希特勒非常小心,没有留下文字记录,这使得后人无法确定将他和纳粹领导者委婉称作"最后解决"的行动联系在一起。

对欧洲犹太人的大屠杀不能简单归因于是某个时间的随机决定。在希特勒向希姆莱下命令之前,德意志第三帝国已经屠杀犹太人很多年了,只不过,希特勒将屠杀加快了进度。

纳粹杀人的方式也发生了变化。之前是党卫军士兵成群结队地移动式屠杀,后来变成建设集中营,使用毒气室完成领袖交办的杀人配额。在这些臭名昭著的集中营里,那些被迫离境的犹太人和其他乘火车被送入集中营的"不受待见者"被冷酷且高效地杀害。在战争结束时,欧洲三分之二的犹太人口在大屠杀中丧命。

▲ 抵达奥斯维辛-巴克瑙的犹太人被分成了两批:一批去做苦力;另一批被直接带入毒气室

# 第二次阿拉曼战役 1942年10月23日—11月11日

德军的失败对沙漠战争和希特勒对德军的态度而言都是一个转折点。

北非战场上,德国的非洲军团和英国第八军开启了两年的拉锯战。到1942年晚些时候,埃尔温·隆美尔将军——应该说是第二次世界大战中能力最强的德军指战员——将英国士兵逼退到埃及阿拉曼的一个小火车站台。这位有"沙漠之狐"之称的隆美尔扬言要将英军全面赶出北非,并控制苏伊士运河和中东的大油田。

然而,与隆美尔对阵的是伯纳德·蒙哥马利(Bernard Montgomery)将军,其在1942年8月掌管英国第八军。蒙哥马利计划反击德军,缓解埃及的压力。他的计划分两步进行:首先,步兵于两个地点发动攻击,切断德国雷区;然后,发动捷足计划(Operation Lightfoot),开始大规模炮轰。接下来,发动增压计划(Operation Supercharge),由英国坦克自由攻击德军坦克和其他防御工事。虽然隆美尔的非洲军团奋力拼杀,尽管希特勒命令非洲军团"坚持到最后一秒",但没过多久,由于损伤规模大、汽油供应不足,隆美尔很快就损失惨重,开始后退。

这是沙漠战争的转折点。非洲军团被步步逼退。直至最后,他们被逼得全部撤离北非。阿拉曼不只是一个战争的决定性时刻,它还标志着希特勒对非洲军团态度的转变。即使是隆美尔,这位第三帝国最伟大的军事英雄,也忽视了希特勒

▲ 英国的步兵攻击对于切断德国雷区路障至关重要

的命令,这就导致元首从内心里对非洲军团最高统帅产生了不信任。阿拉曼战役后,希特勒开始在战术和战略层面进行更多干预。也可能因为他的干预,德军取得了几次胜利。无论是在东线还是在诺曼底登陆后的西线战场,德军的司令都不得不应对元首越来越执拗的干预。

# 刺杀希特勒行动  1944年7月20日

希特勒的意外存活使得德国又经历了一年战争,也使得德国战败的进程被顺势拖延。

当克劳斯·冯·施陶芬柏格在希特勒东线大本营埋下炸弹时,他希望能够改变战争的轨迹。这次爆炸确实造成约5000人死亡,但主要攻击目标却幸免于难。希特勒没有死,这使德国又经历了一年战争。一些高级军官认为希特勒正带领德国走向失败,而施陶芬柏格就是其中之一。他们想公开和同盟国谈判,但也意识到这只能在希特勒不在的时候才会发生,而希特勒永远不会接受德国投降。

1944年7月20日,施陶芬柏格走进东普鲁士"狼窝"的一间指挥室,放好装有一枚炸弹的公文包,炸弹连着的是一个倒计时10分钟的引爆装置。他本来还想在公文包里放入第二枚炸弹,但因为他要在附近厕所里给炸弹装上引信,所以这一计划受到了干扰。接着,施陶芬柏格离开指挥室,去接事先安排好的电话。但他走后,一位上校将公文包踢到了一条桌腿的后边。因此,炸弹爆炸时,这条桌腿保护了希特勒。虽然鼓膜穿孔、裤子被炸碎,但希特勒并没有受到很重的伤害。而其他的21人中,4人被炸死。

▲ 希特勒和贝尼托·墨索里尼在调查破坏事件。图为见证元首九死一生的指挥室

施陶芬柏格逃出了"狼窝",开始了刺杀希特勒行动的下一步,即争夺军权。然而,希特勒没有死的消息却传开了。施陶芬柏格被捕,并在爆炸后的12小时内被仓促处决,于是政变随之瓦解。不过,希特勒希望不止他一个人付出代价。他意识到这一暗算牵扯到一系列高级别官员,于是盖世太保奉命逮捕了7000多人,但其中许多人与这次暗算并无关系,近5000人被处决或自杀。这些遇害人中包括埃尔温·隆美尔,他在1944年10月被捕后选择了自杀。元首在刺杀行动中存活了下来,也在随之而来的政治清算中加强了自己的权力,但这一切都是以削弱军队力量为代价换来的。

## 目标:希特勒

克劳斯·冯·施陶芬柏格(Claus von Stauffenberg)是最接近改变历史轨迹的那个人,不过也有其他许多暗杀者曾想结束希特勒的生命。

### 莫里斯·巴沃德
(Maurice Bavaud)

神学学生莫里斯·巴沃德相信希特勒是撒旦的化身,决定在慕尼黑的一次游行中向希特勒开枪。但他枪法不准,所以这位潜在的暗杀者退缩了,并最终在火车上被捕。巴沃德向盖世太保坦白了自己所有的想法,3年后被执行死刑。

### 格奥尔格·埃尔塞
(Georg Elser)

格奥尔格·埃尔塞的计划是安装一个倒计时为144小时的炸弹,在希特勒致辞庆贺啤酒馆事件周年时,在慕尼黑勃格布劳凯勒酿酒厂爆炸。不过埃尔塞不走运,希特勒提前发表了演说,而炸弹在演讲结束后13分钟才爆炸。

### 亨宁·冯·特雷斯考
(Henning Von Tresckow)

幻想破灭的亨宁·冯·特雷斯考让希特勒的随从把两瓶伪装成炸弹的白兰地带给柏林的一位朋友,计划炸毁元首的飞机。然而,炸弹雷管失灵,刺杀失败。此后,特雷斯考继续策划谋杀,并参与了华尔奇丽雅行动。

### 鲁道夫·冯·格雷斯多夫
(Rudolf Von Gresdorff)

格雷斯多夫是特雷斯考的合谋者,在炸弹行动失败后的第8天,他决定自己上阵尝试谋杀希特勒。他亲自带着炸弹参加柏林的一个展览,但希特勒在炸弹引爆之前成功逃脱。随后,格雷斯多夫冲进厕所,拆掉了炸弹引信。

### 阿克塞尔·冯·德姆·布舍
(Axel Von Dem Bussche)

阿克塞尔·冯·德姆·布舍的计划简单粗暴:1943年冬,在为元首量体裁新冬衣时,他要给元首一个拥抱,然后引爆兜里的手雷。不过,在计划实施的前晚,新制服在敌军轰炸中被炸毁——同盟国的炸弹或许救了希特勒一命。

### 埃贝哈德·冯·卜雷顿巴克
(Eberhard Von Breitenbuch)

埃贝哈德·冯·卜雷顿巴克同意在伯格霍夫开会期间,用一把消音手枪刺杀希特勒。然而,卜雷顿巴克发现自己级别太低,无法进入会场,因此刺杀行动失败——参会人员受级别限制这一规定是开会的前一天临时添加的。

**这次爆炸导致约5000人死亡,但主要攻击目标却幸免于难。希特勒没有死。**

# 临终遗言 1945年4月29日

希特勒的邪恶统治终于结束了，但他本人完全不思悔改。

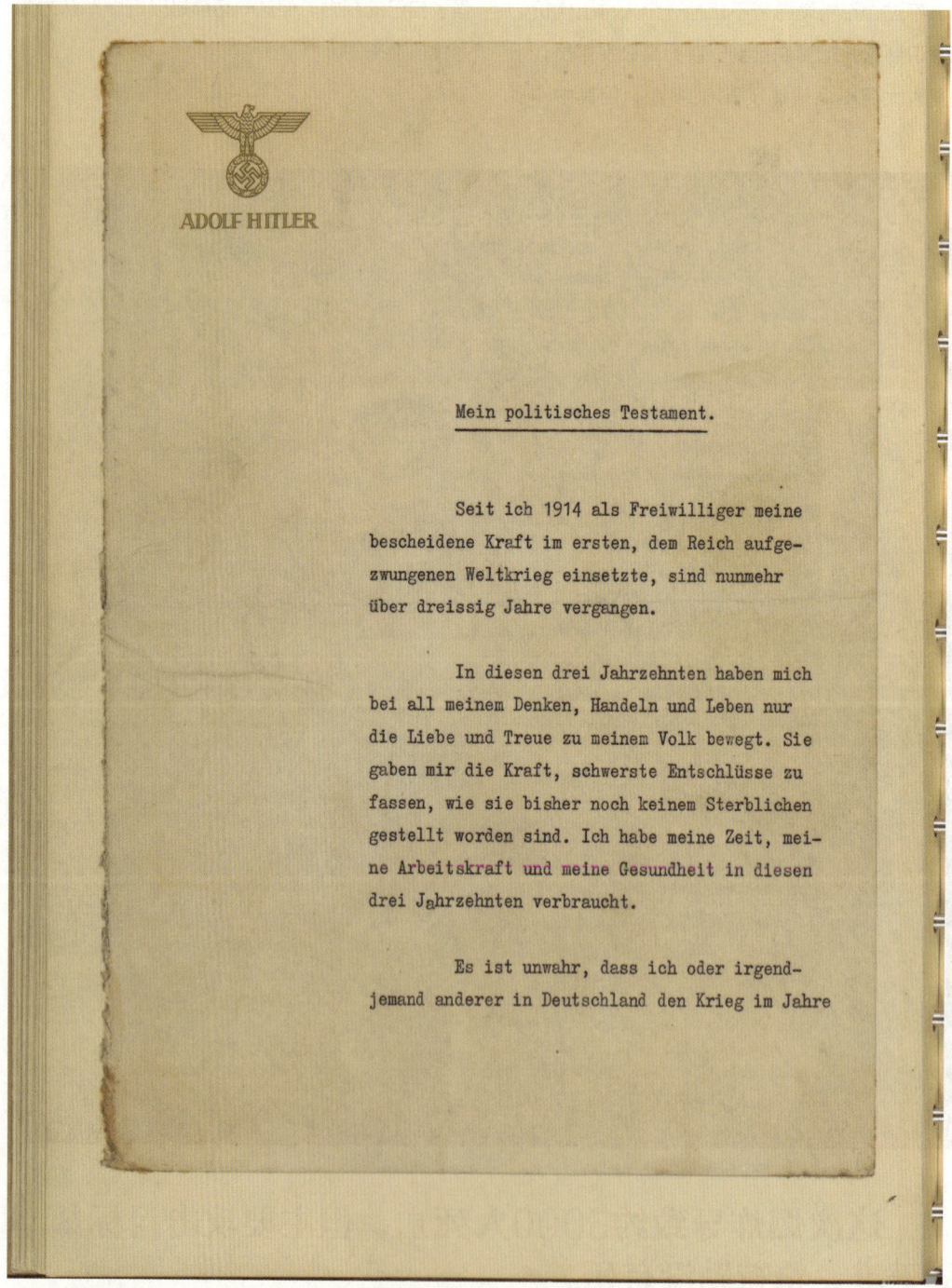

▲ 希特勒的遗言显示，对他造成的数百万人死亡，他毫无悔意

1945年4月20日是希特勒56岁的生日，但这一天不是适合他庆祝的日子。随着同盟国的军力从四面八方涌来，德意志第三帝国领袖在人世间的最后3个月是在柏林元首地堡的软禁中度过的。在接下来的几天内，赫尔曼·戈林（Hermann Göring）和海因里希·希姆莱因与希特勒和他濒死的政权划清界限而被废职——不过这些职务本身意义也不大，因为第三帝国早已摇摇欲坠。

1945年4月29日，希特勒与爱娃·布劳恩（Eva Braun）成婚，和他的秘书特劳德·琼格（Traudl Junge）一同退回到地堡中的一间小屋，口述自己的临终遗言。在遗言中，希特勒继续谩骂犹太人，并表示对国家社会主义全心全意信任。他将国家统治权交给德国海军司令官卡尔·邓尼茨（Karl Donitz），而作为唯一一位同希特勒身处地堡的政府高级官员，约瑟夫·戈培尔（Joseph Goebbels）则被希特勒任命为国家总理。邓尼茨在一周内就向同盟国投降，而戈培尔也在不到一周内带着妻子和6个孩子一块自杀。签完遗嘱后，希特勒得知了墨索里尼的死讯，也听说柏林最后一支忠诚的法西斯部队很快就会弹药不足。在签完遗嘱约36小时后，希特勒和他的新妻子同剩余的零星几个手下道别，走进了私人书房。1小时后，一声枪响回荡在地堡内。

希特勒的手下打开了门，发现希特勒和他的妻子均已死亡——爱娃吞下了氰化钾，而希特勒朝自己的头部开了一枪。但是，正如他的临终遗言所述，希特勒死不悔改，直至死亡他都依然坚信自己扭曲的价值观是正确的。

▲ 温斯顿·丘吉尔，希特勒的夙敌，到访希特勒死亡现场

# 早年时光

从母亲过世到经历第一次世界大战,
希特勒早年的经历或许是导致他成为遗臭千古的独裁者的原因。

**26　恶魔的塑造**
　　成长经历是如何塑造希特勒的

**39　希特勒的崛起**
　　从暴乱到镇压,希特勒如何走上权力之巅

26

希特勒为国家流血,被迫承担战争的责任。这使他非常难过,心怀怨恨,因此,放眼别处,寻找替罪羊。

# 恶魔的塑造

在德意志第三帝国、种族大屠杀和邪恶轴心国等事件发生之前,
一位奥地利青年正走在体验优越、贫穷和战争之路上。

即使在生命的初期，希特勒的生活也充满了矛盾和争议。希特勒于1889年4月20日出生于奥地利布劳瑙。这位奥地利青年性格早熟，总是和他的父亲阿洛伊斯矛盾不断。

希特勒的父亲是一位中层公务员，性格冷漠、不肯妥协。职业使阿洛伊斯养成了向身边人颐指气使、发布铁令的习惯。阿洛伊斯希望儿子能继承他的衣钵，成为公务员，但希特勒无意一辈子做一份在桌子前的工作。对希特勒而言，他唯一的梦想是画画，追逐他热爱的艺术。

听起来可能有点怪异，但从19世纪末到20世纪初，作为历史上最残暴的独裁者之一，希特勒是一位画家新星，梦想在西欧的艺术领域出人头地。但是，在他最小的弟弟埃蒙德麻疹发作病逝后，希特勒的世界经受了剧烈的震动。此时，希特勒和父亲的关系达到了冰点，希特勒便离开了家。父亲定立的吹毛求疵的规矩和官僚做派令希特勒作呕，他开始关注德国社会内部出现的民族主义，即奥匈帝国长时间压制但却被它推翻的思潮。

希特勒的父亲于1903年突然过世，这似乎并没有影响到希特勒。希特勒同父异母的哥哥们很早就搬出了家，所以年轻的希特勒、妹妹保拉和母亲克拉拉没多久就搬到了林茨。在那里，希特勒家的三口人依靠希特勒父亲绵薄的养老金度日，而希特勒继续追逐他热爱的艺术事业。希特勒同母亲的关系与同先父的关系完全不一样。希特勒的母亲甚至允许儿子在1905年退学去追求艺术事业。母亲的支持激励着希特勒。他们之间产生了难得的亲密感情，这也是希特勒和别人不曾有过的感情。

两年后，希特勒的世界发生了天翻地覆的变化。母亲生了病，不久被诊断出患了乳腺癌。希特勒看到母亲慢慢被疾病吞噬，也目睹母亲接受漫长而痛苦的碘伏治疗。他的母亲于1907年过世。在母亲过世时，希特勒和妹妹陪伴在她身边，而她的过世也把这个奥地利年轻人的心撕成了两半。即使在最后的那段时光，克拉拉仍然支持希特勒追求自己心爱的艺术，让儿子去维也纳美术学院参加考试，而自己在家忍受病情恶化带来的折磨。

## 希特勒有犹太血统吗？

引起历史学家们讨论的最具争议的话题之一就是希特勒是否有犹太血统。考虑到希特勒出于对犹太人群体的憎恶而大肆主张种族灭绝，他的血统出身可能是一个更值得探讨的问题。关于希特勒本人是否有可追溯的犹太血统这一问题，其核心主要围绕在他父亲姓名的改变上。阿洛伊斯·希特勒（Alois Hitler）出生时名字叫阿洛伊斯·施克尔格鲁勃（Alois Schicklgruber），姓的是他母亲的姓氏。而阿洛伊斯的出生证明上没有父亲的信息，这也是希特勒父亲一生的一块心病。有谣言称，在怀上阿洛伊斯的那段时间，他的母亲在弗兰肯贝格尔（Frankenberger）家做清洁工——这是一个住在格拉茨的犹太家庭。也有说法显示，当年实际上是19岁的利奥波特·弗兰肯贝格尔（Leopold Frankenberger）让阿洛伊斯的母亲怀了身孕，于是阿洛伊斯的母亲惭愧地离开了她的雇主家。阿洛伊斯的母亲最终在1842年嫁给了约翰·戈尔格·希德勒（Johann Georg Hiedler）。这位男士把阿洛伊斯当作自己的亲生儿子养育。30多年后，阿洛伊斯应该是接受了洗礼，成为了天主教教徒，并跟了继父的姓氏。也是关于这次事件的一些文字记载第一次显示阿洛伊斯的姓氏是"希特勒"，正式承认已故的约翰·戈尔格·希德勒（于1857年过世）是阿洛伊斯的合法父亲。

▲ 阿道夫·希特勒的祖父的真实身份一直没有揭晓，不过大多数历史学家认为他的祖父应该不是犹太人

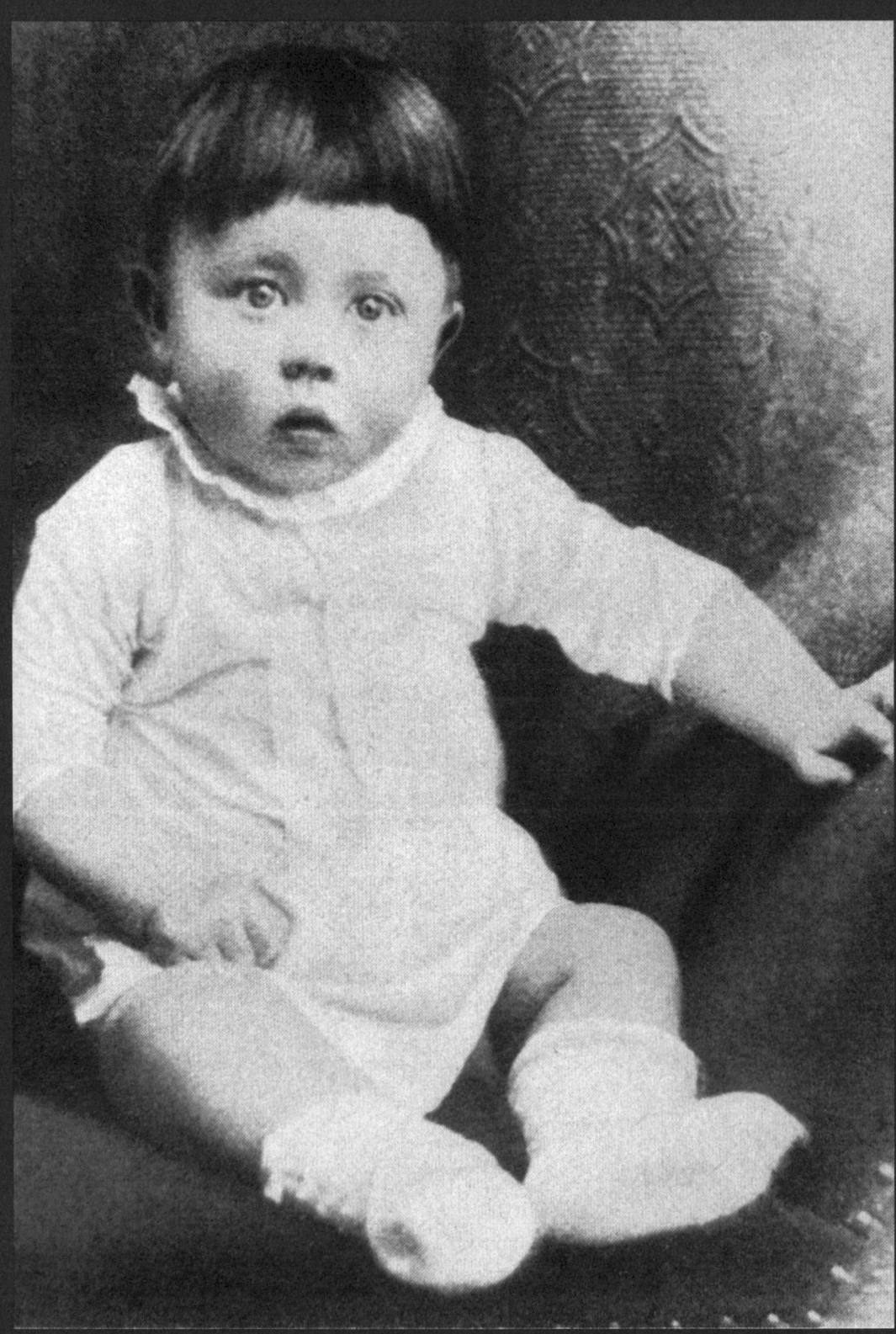

▲ 希特勒一家搬到了德国的帕绍县。他也是在那里学到了独特的巴伐利亚口音,这种口音跟随了他一生

希特勒没能考入维也纳美术学院，但是在母亲过世后，他并没有灰心。希特勒搬到了维也纳，希望重新申请入学。他也确实试着再次努力，争取考入这座久负盛名的艺术学院，但1908年，他再次失败。这时，他已经把继承自父母的遗产花得差不多了。不久，希特勒就开始辗转在不同的收容所，或流落街头，挣扎度日。这种贫穷的日子在一定程度上是希特勒自找的，但他的内心此时已经开始萌发了仇恨的种子，需要找到出口宣泄。

希特勒后来将这段在维也纳的时光称为自己落魄的经历。这段经历使他打开了眼界，看到了工薪阶层被精英犹太阶层踩在脚下的困境。希特勒生于中产阶层家庭，几乎没有吃过苦。他的家族成员不断地劝他放弃无意义的艺术事业，像他父亲一样当个公务员，有份稳定的工作。希特勒拒绝了任何尝试影响他的说辞，而迅速卷入了在德国、奥地利和其他地区正在发酵且愈演愈烈的排犹主义阵营。

在维也纳这座城市，希特勒本以为自己会成为一名画家。也是在这座城市，希特勒初尝了政治的滋味，也感受到了权力对人意味着什么。在维也纳的几年里，希特勒受到了两位完全不同的人物的影响：泛德意志主义政治家格尔哥·冯·熊那赫（Georg von Schönerer）和时任维也纳市长的卡尔·吕格尔（Karl Lueger）。熊那赫鼓吹的是一种激进的德国民族主义，将犹太人群体描绘成从内部吞噬国家的癌细胞。

熊那赫尖酸刻薄的观点让20岁出头的希特勒深受触动，尽管希特勒的一些客户也是犹太人。希特勒发现自己越来越执着于德国声势浩大、深入人心的极右翼运动。也是在这个时候，希特勒首次接触到了雅利安人价值观的概念。如果说熊那赫对犹太人的憎恶是奥地利社会上层的表现，那么希特勒接受种族歧视这枚毒药就是从社会底层开始了德国内部歧视之路。

对年轻的阿道夫·希特勒影响最大的人或许就是卡尔·吕格尔了。在希特勒刚开始在维也纳居住时，卡尔·吕格尔是维也纳的市长。吕格尔变革了维也纳的经济，形成了基督社会党的奥地利分支。吕格尔具有的坚定的排犹主义，是建立在与熊那赫相同政见的泛德意志主义之上的。吕格尔表达他的排犹主义方式更多的是希望将奥地利建设成为奥匈帝国的明珠，而不是通过意识形态发生作用。

吕格尔也是一位出色的演说家，能够靠演说撼动他面前的任何群体。这项技能使吕格尔将他的政治对手统一成了奥地利史上最强大的政党之一，也使他将他眼中的民族主义思想传播给了奥地利人。希特勒对此欣喜若狂。我们也能够从这些因素中看出，希特勒作为领导者的一些鲜明特点是可以追溯到吕格尔身上的。长久以来，历史学家一直对希特勒憎恨犹太人的起因争论不休，但很显然，希特勒后来制定的政策就是从他在维

**熊那赫尖酸刻薄的观点让20岁出头的希特勒深受触动，尽管希特勒的一些客户也是犹太人。希特勒发现自己越来越执着于德国声势浩大、深入人心的极右翼运动。**

也纳时期慢慢萌芽的。

1913年，希特勒拿到了父亲遗产的最后一部分，搬到了慕尼黑边境对面的一间新公寓里。有人认为希特勒搬到德国是为了逃避奥匈帝国征兵，但希特勒自己说过，他不愿意加入种族和宗教信仰如此复杂的部队。不过，奥匈帝国已经处在同俄罗斯帝国、法兰西第三共和国和英国产生矛盾的边缘，所以年轻的希特勒不久之后还是会经历战争。

一年后，第一次世界大战席卷欧洲，希特勒自愿申请加入巴伐利亚军队。尽管当时的希特勒是奥地利籍，不过很快，他的申请就得到了批准（人们通常认为这是当时的公职人员犯了错误，因为希特勒当时应该回到奥地利而不是进入巴伐利亚军队），并很快乘船加入协约国的战斗。也就是在这里，那个为世人周知、那个发动炼狱般战争的希特勒开始崛起。

希特勒的军队生涯是历史学家们探讨的另一核心（许多人认为，他加入军队服役是为了给自己以后的政治生涯铺路），但他作为奥匈帝国（也叫同盟国）军人参战的那4年的经历也是使他更爱国的催化剂。他多次参加过"一战"中的大型战役。作为通信兵的他参加了第一次伊普尔战役、索姆河会战、阿拉斯之战和第三次伊普尔战役。在这些战场上，希特勒不仅见识到了战争的残酷，也了解了战败方的感受。

1916年10月，索姆河会战期间，在一个通信兵防空洞躲避时，希特勒被炮弹击中左大腿，这使他入院治疗了两个多月，第二年才重返战场。重返战场后，希特勒依然是一名通信兵，但

◀ 在希特勒参军之前，母亲克拉拉是最支持他、对他影响最大的人

▼ "一战"前，希特勒对画画的热情逐渐减退，而对政治却越来越热衷

◀ 希特勒全程参与了"一战",但其中大部分时间他都没在前线

▶ 希特勒(最右、坐姿)在巴伐利亚储备步兵团服役,尽管在提出申请时他是一位奥地利公民

在1918年受芥子气攻击,导致短暂失明,后来被从前线撤回。希特勒在德国帕瑟瓦尔克小镇的一家医院休养,在视力逐渐恢复后,他听到了消息:德国在"一战"中战败,同盟国战胜。德国和盟友受到了羞辱。

在参加战争伊始,希特勒开始逐渐受到国内政治的影响,当他第二次出院时,他的祖国在其他国家眼里成为了更大的忧患。《凡尔赛条约》有效地解除了德国军队的威胁,但又给德国已经走下坡路的战后经济重重一击。

德国官员的投降之音还回荡在希特勒的耳边,这也使他胸前挂着的军功章越来越沉重。和许多德国人一样,尤其对于参加过"一战"而存活下来的老兵,"一战"的战败是非常痛苦的经历。希特勒为国家流过血,如今也要被迫接受战争的责任。这使他非常难过,心怀怨恨,因此,放眼别处,寻找替罪羊。

德国战败后,希特勒留在部队,回到慕尼黑的家,成为国防军(在《凡尔赛合约》后成立的德国国防机构)联络员(情报间谍)。这份新的工作使希特勒可以将自己满腔的怒火用来渗透德国工人党(DAP)。工人党是战后德国的一个民族社会主义运动组织,受到大量民众的支持。

希特勒深入工人党党内,参加秘密集会和会议多年,并将情报汇报给德军上司。但工人党的政策也影响着希特勒,使他产生了彻底的改变,尽管希特勒在战前受到卡尔·吕格尔强烈影响。工人党的主张——尤其是魅力非凡的创始人安东·德雷克斯勒的主张——使希特勒的憎恨和羞耻心找到了归宿。工人党的排犹主义、民族主义、反资本主义和反马克思主义思想点燃了希特勒内心的火焰。

希特勒不是一个谦恭的人,他在辩论和集会时表达的强硬(而且越来越真诚)的观点吸引了德莱克斯勒的注意。1919年10月,这位工人党领袖邀请希特勒加入工人党。虽然仍是德国军队的成员,但希特勒越来越将精力投入工人党的事务中。在这段时间里,希特勒受到了德国记者、诗人迪特里希·艾卡特(Dietrich Eckart)的欣赏,艾卡特也迅速成为了工人党最具影响力的人物之一。在艾卡特的指导下,希特勒成为党内重要的发言人之一,而在工人党重新更名为国家社会主义德国工人党(纳粹党,NSDAP)时,是希特勒重新操刀将党徽设计成了"卍"字符。

1920年3月,希特勒从德国军队退伍后,终

于能全身心地投入纳粹党中。希特勒和艾卡特是纳粹党内最高调和最有影响力的人物,纳粹党也不再掩饰对临时政府在德国两年前战败时表现的蔑视。对希特勒和他的同侪而言,魏玛共和国对德国社会是一种侮辱,亟需解决。只有这样才能为德国迎来新的繁荣时代。

当时,刚刚30岁出头的希特勒已经从一个对政治感兴趣的前艺术家、"一战"老兵摇身一变成了出色的公共演讲人。他成为纳粹党的事实代言人,但不是所有成员都和他一样心怀愤恨。因此,1921年7月,在希特勒赴柏林为纳粹寻找新的支援时,一场政变悄然而生,试图将纳粹同它最大的对手——德国社会党(DSP)合并。希特勒回到慕尼黑后,拒绝接受这样一个故意削弱自己价值观的政党,因此,他选择了辞职。

随着纳粹党陷入混乱,希特勒看到了自己掌权的机会——不是名义上的掌权,而是实质上的掌权。他同意留在党内,但条件是担任纳粹党领袖,层级比德雷克斯勒的还要高,而且纳粹党的大本营仍需安置在慕尼黑。纳粹成员意识到,若这位党内最重要的人物辞职,纳粹党就会解散,于是同意了希特勒的条件。1921年7月,阿道夫·希特勒成为了纳粹党主席。

纳粹是德国最为活跃的政党之一,而希特勒现在是纳粹权力最高的人。他继续在小酒馆和私人住宅等地发表演说,歌颂德国人的品德,指出非常有必要找到德国摆脱困境的出口和在"一战"中失败背后真正的"替罪羊",而这样的言论吸引了大量人群。他的出现带来的是完全不同的反应——有些人认为他激励人心,在他演说时

▲ 尽管在战场上主要负责在前线和后方间传递信息,但希特勒还是目睹了很多场战役

会高呼"胜利万岁",而有些人则对他粗话连篇的愤慨演说无动于衷,径直离开。

也是在这些地方,希特勒的权力基础逐渐增强,后来执政的纳粹党根基也随之诞生。希特勒的民粹主义思想和激励性演说使他成为了德国甚至其他国家的谈资。报纸常常报道他,德国和其他国家政府都无法忽视纳粹这股从阿道夫·希特勒这类人中崛起的右翼势力。这位纳粹党主席还集结了一群政治伙伴,包括鲁道夫·赫斯、赫尔曼·戈林和恩斯特·罗姆。

罗姆是纳粹新成立的准军事力量(冲锋队,又叫"帝国冲锋队")的领导者,是他为希特勒注入了处决犹太人、实施暴行的驱动力,即全世界犹太人密谋颠覆欧洲政府,建立新布尔什维克政权。这些谣言加上德国过去令人难以忘怀、郁结于胸的历史向希特勒证明了一件事——行永胜于言。

德国政府继续缴械,在其他国家前显得很弱。也许是这样的行为使德国人十分沮丧和怨恨,这种情绪导致希特勒在1923年11月发动了啤酒馆暴动。几十年来的经历塑造了那个在巴伐利亚试图发动政变的希特勒——他既是一位在讲台上言辞激烈、鼓吹民粹主义的人,也是一位投机主义领袖,希望用同样的方式为自己赢得纳粹党的领导地位,以便在德国取得真正的权力地位。

当然,历史将会证明,这次政变尝试——希特勒、冲锋队和2000名纳粹党成员突袭了巴伐利亚州总理冯·卡尔召开的会议,宣布革命开始,并宣告新的民族社会主义政府成立(只是与警察发生了冲突,并入狱)——是失败的。不过后来的事实证明,这次事件成为了一次催化剂,促使希特勒将自己的假面转换成了全国认可的形象。在狱中,希特勒开始撰写新的文字,这既是一部高度美化了的自传,也是他对未来德国的憧憬之文。

## 啤酒馆暴动

人们通常认为啤酒馆暴动是将希特勒推上全国政治舞台的推手——尽管这次行动组织方面出现了重大失误——1923年的啤酒馆暴动是希特勒首次尝试颠覆当时已停滞不变的政权,这一政权是10年前德国"一战"败给协约国后建立的。但又是什么使这位民粹主义政治领袖确信这样的运动会奏效呢?

"一战"老兵的经历是其中一个原因,但这些记忆也在20世纪20年代初期对希特勒产生了完全不同的影响。他不再是一个在前线躲避枪火和炮弹的通信兵,而是一名在政府和民间有着数百名追随者的领袖。他现在有了对自己唯命是从的准军事力量——冲锋队,常去攻击社会主义团体,弱化这些团体在慕尼黑和其他地区的影响。

也有人认为,希特勒知道政变不会成功,而这次尝试却足以令他将自己的诡计推广到全国范围。如果这种说法是真的,那么这样的尝试未免太危险了,因为希特勒手下的2000多名纳粹党成员和巴伐利亚州警察发生了冲突,其中16名纳粹分子和4名警察死亡。这次尝试是有风险的,但是对希特勒来说是一次有利的尝试。

▲ 政变使得希特勒被捕、受审、入狱服刑,但这将希特勒的主张在德国国内被广泛传播

**此刻事件**

希特勒、德国士兵和他们的狗。在服役期间,希特勒被提拔到列兵(一等兵)级别,荣获铁十字勋章。

# 希特勒的崛起

揭示这位煽动型的政客是怎样利用暴乱、种族主义和镇压行动来重塑"伟大"德国的。

希特勒在1925年的自传《我的奋斗》中，讲述了自己从出生开始的生命历程，这也是推动希特勒从1933年到1945年在德国进行独裁统治的原因之一。命运之力精心安排了这一切——他是命运选中来领导德国的人。然而实际上，历史上几乎不会出现这么理所当然的事情。20世纪30年代，希特勒一步登上领袖之巅，领导极权主义的纳粹党，接着带领德国人民四处征战，又几乎亡国，这一历程是十分复杂的。而促使希特勒上位的因素也是复杂的：由于"一战"导致的人间悲剧；战后社会、经济和政治的混乱；在寻求新开始的过程中逐渐走向极端的国家环境；因为希特勒就是一个歇斯底里的人；因为纳粹成员将国家复兴的憧憬贩卖给聪慧、文明程度高但同样因战争而伤痕累累的人民。

1924年，希特勒短暂入狱后出狱。此后，从1924年到1934年，即到臭名昭著的流血事件——"长剑之夜"之间，是希特勒权力上升的关键时期。1924年11月20日，希特勒从巴伐利亚西南莱希河畔的兰茨贝格镇的兰茨贝格监狱出狱。因1923年11月8日至9日在啤酒馆暴动中犯叛国罪，希特勒获刑5年。但他仅服刑9个月就出狱了。啤酒馆暴动是成长期的纳粹党（1919年刚刚成立）和几名右翼分子发起的尝试——企图颠覆他们憎恨的魏玛共和国。希特勒的庭审是由一位支持纳粹的法官主持的，在德国国家媒体十分希望报道希特勒事件之时，这位法官为希特勒提供了一个影响广泛的公共平台，用于传播纳粹思想。

希特勒不仅承认了自己在啤酒馆暴动中所犯的罪行，而且他实际上还很享受此过程。他在被告席里坚定地表示："我决心成为马克思主义的破坏者。"他认为自己是许多右翼分子认为的必不可少的"强者"。有了他，德国才能从战争的混乱和苦痛中走出来。啤酒馆事件后，希特勒不再把自己视作为继任领袖铺路的"鼓手"，而把自己视作真正的元首。

希特勒和鲁道夫·赫斯（1933年成为副元首）一样，欣然度过了自己的监狱时光。希特勒在狱中可以会客，他的许多党派同盟后来都成为了德意志第三帝国的重要人物，恩斯特·罗姆、威廉·弗利克（Wilhelm Frick）和阿尔弗雷德·罗森堡（Alfred Rosenberg）曾多次造访希特勒。这使得一群志趣相投的人组建的党派逐渐壮大，令希特勒有机会继续重申并打磨自己的思想，也让他强化了自己党派领袖的角色，而这些都是在监狱的高墙内完成的。其中最重要的一件事是，希特勒利用自己狱中的时光完成了他的政治宣言。实际上，他将自己的狱中时光描述为"国家为他付钱上的大学"。这本政治宣言名为《我的奋斗》。希特勒在书中详述了一系列思想，并在其中稍微更改了一些自己的生活历程，也形成了纳粹思想的核心内容。在《我的奋斗》一书中，希特勒还改造了他自己眼中的历史，主要为了强调是命运选中他领导德国。

希特勒和他的众多追随者开始相信，希特勒"……是一个接近救世主的角色……是德国在等待的伟大领导人，将抹除'1918年的罪恶背叛'，积蓄德国的力量，让'日耳曼帝国式的德国'重生"。这部自传见证了"元首神话"的诞生，影响数年，直至1945年。1924年，一位支持纳粹党的作家这样写道："占据德国人灵魂主导的精神正在以真人的形式成型……那就是阿道夫·希特勒，他就是德国希望的化身。"

> 希特勒在《我的奋斗》中提到的似乎都是普遍存在的观点——只是他把这些观点极端化了。

## 魏玛共和国：注定失败

德国皇帝逃走后，小镇魏玛宣告成立新的共和政府。

魏玛共和国是指1919年到1933年在德国执政的政府。许多右翼德国人认为，是魏玛政府过早投降使德国在"一战"中战败。许多民族主义者也支持"背后捅刀说"，认为布尔什维克和犹太人破坏了现代思想，比如女权主义，继而削弱了后方力量。魏玛政府接受了1919年的《凡尔赛条约》，导致德国部分领土被瓜分，还要偿付大量战争赔款，这使人们责备德国及其同盟国奥匈帝国、奥斯曼帝国和保加利亚发动"一战"。

此外，1923年，法国占领了德国鲁尔区，强占该地丰富的原材料。这在右翼人士眼中是魏玛政府执政不力的另一标志。而魏玛政府允许大量法国黑人殖民士兵在鲁尔区工作，也激起了右翼人士的不满。

同一时期，德国出现了恶性通货膨胀。大量德国人失去了社会地位，一夜变为赤贫。1924年，道威斯计划给德国提出了解决方案，但德国经济却只能依赖美国发来的贷款。在1929年大萧条出现之际，这种依赖产生了巨大的负面影响。

德国政府内部系统也出现了问题。德国直至1871年才成为统一国家，此后一直实行君主制。一直以来德国都是由联合政府管辖，无绝对的权力。这就导致出现一系列软弱、不稳定的政府，从而削弱了公众对政治系统的信心。

## 希特勒的忠诚拥趸

在这段时间，围绕在希特勒身边的人开始成为未来在纳粹发展和党内扮演重要作用的人。直至1945年希特勒在地堡自杀，约瑟夫·戈培尔都对他忠心耿耿。戈培尔是高知极端分子，拥有德国文学博士学位。最初，他对纳粹的主张还抱有一些担忧，不过后来他就成为了那些对希特勒的话唯命是从的典型。因此，对于那些对他忠心不二的追随者而言，希特勒成为了某种宗教式的人物。

情绪化的忠诚比理性和冷静更具价值，这也是贯穿希特勒整个人生的一种价值导向。1927年，希特勒说："（我们）放在首位的是信念，而不是认知。人们需要相信某种事业。只有信念才会创造状态。什么会激励人们前行并为宗教观念而战呢？不是认知，而是盲目的信念。"

这很显然是戈培尔的一个观点。读完《我的奋斗》后，他这样说道："我爱他……这样闪耀的灵魂，可以成为我的领袖。我会向伟大的人鞠躬，向伟大的政治家鞠躬……阿道夫·希特勒，我爱你，因为你既伟大又很简单。你就是人们口中所谓的天才。"

表达过同样盲目忠诚的还有鲁道夫·赫斯和赫尔曼·戈林。赫斯于1920年加入纳粹党，此前参加过德国右翼运动。戈林是参加过"一战"的优秀军人，1922年加入纳粹。戈林后来是第三帝国最重要的人物之一，担任过冲锋队总司令，然后成立盖世太保（国家秘密警察），并担任德国空军总司令。

恩斯特·罗姆代表着另一类不同的纳粹。和赫斯、戈林一样，罗姆是纳粹运动早期的支持者，于1919年加入纳粹党，在啤酒馆暴动中扮演了重要角色。罗姆在冲锋队的领导和成立中担任了重要职位，但他将纳粹所走之路更多的是看成一场革命。甚至在啤酒馆暴动事件之后，希特

## 纳粹党
### 民族社会主义德国工人党的诞生

**1918** "一战"结束
"一战"结束后，"背后捅刀说"甚嚣尘上。传言，德国军队受到了背叛。一股极右翼力量自德国政治舞台上缓缓升起。

**1919** 德国工人党成立
安东·德莱克斯勒和其他反犹民族主义活动家所持观点一致。在1919年1月5日的慕尼黑，德莱克斯勒是纳粹党成立时的主要运动家和先驱。

**1919** 希特勒加入德国工人党
本来受命渗透德国工人党的希特勒，反而加入了该党，成为第55名成员。此后他迅速担任领导岗位。

**1920** 纳粹成立
该党名称正式被更名为"民族社会主义德国工人党"，简称"纳粹"（Nazi）。纳粹党召开第一次公共大会。

**1921** 希特勒掌权
希特勒充分利用了自己演讲的天赋，在慕尼黑为6000多人发表演说。没过多久，希特勒便当选为纳粹党主席。

**1923** 啤酒馆暴动
首个纳粹党日举办。在慕尼黑啤酒馆暴动失败后，几名纳粹支持者遭到杀害，希特勒被捕入狱。

**1924** 政治平台
希特勒利用对他叛国的指控作为抨击德国当前政治形势的平台。他在兰茨贝格监狱获刑5年。

**1925** 《我的奋斗》
在狱中，希特勒频繁见客，享受极大自由，并向他的秘书鲁道夫·赫斯口述了自己的宣言——《我的奋斗》。

▲ 德国民众在海滨城市基尔发动暴乱

▲ 阿道夫·希特勒的成员卡

▲ 希特勒的《我的奋斗》成为德国最畅销的图书

## 德国国家人民党
### 这个国家的保守党派使希特勒获得微弱的投票优势

**1918** 保守派的集中
德国国家人民党（DNVP）——这是一个包含几个右翼分支的保守党派，反对魏玛政府。德国国家人民党是"一战"后组建的。它是纳粹扩大前，德国最大的党派。

德国国家人民党党徽

## 纳粹党的进程

**1925** 选举老将军
德国国家人民党的支持者中20%以上是德国选民。他们为选举保罗·冯·兴登堡将军成为国家总理奔走相告。

▲ 1925年，兴登堡的宣誓仪式

**1928** 右急转弯
阿尔弗雷德·胡根堡（Alfred Hugenberg）担任国家人民党的领袖，突然将政党的属性转为右翼，加强了对魏玛政府的阻力。纳粹的民众基础深入，逐渐开始腐蚀国家人民党的权力根基。

▲ 阿尔弗雷德·胡根堡，德国国家人民党领袖

## 志愿军
### 这些德国志愿团体是如何卷入纳粹党的

**1918** 从战败中站起来
同年晚些时候，首家准军事志愿军部门组建。志愿军主要由前军队成员构成。这些右翼志愿军反对魏玛政府和左翼团体。

**1919** 持续动乱
德国境内至少有65个志愿团体。他们加入街头暴力和对共产党、左翼人士暴动的镇压当中，通常参与恐怖活动和谋杀。

**1920** 手握权力
原则上，志愿军应解散，但仍存在了数年。一些志愿军领袖参加了失败的卡普政变。

▲ 右翼民族主义者沃尔夫冈·卡普（Wolfgang Kapp）

## 德国国防军
### 希特勒同德国军队的关系是纳粹胜利的关键

**1919** 军事重组
德国在"一战"战败后，魏玛共和国从国家临时军队和海军中组建了武装力量，成立了德国国防军。

▲ 志愿军在训练

**1920** 国中国
军队领袖拒绝支持魏玛共和国。汉斯·冯·泽克特（Hans von Seeckt）受命担任军队总指挥后，开始了几乎自主化的指挥。

▲ 冯·泽克特将军同志愿军官员站在一起

**1920** 秘密重建
尽管《凡尔赛条约》规定，德国军人数不得超过10万，但泽克将军开展了一项秘密行动，组建并维护了一支"影子部队"。

## 1925 党卫军的诞生
党卫军成立之初是为了保护希特勒，但逐渐发展成了具备安保、行政、军事责任的大规模武装力量。

## 1928 具有里程碑意义的选举
在德国国会大选中，纳粹党获得了近3%的选票，使其受到了德国其他政治团体和政党的关注。

▲ 拿着宣传海报的德国人

## 1930 国会的一股力量
在大选中，纳粹收到600万张选票，其在国会中的席位从12个增长到107个。

▲ 一张纳粹党选举海报

## 1932 纳粹致力于竞选总统
尽管纳粹党获得了37%的选票，但"一战"英雄保罗·冯·兴登堡在总统大选中大举获胜，击败了希特勒。

▲ 希特勒的选举海报之一

## 1933 恐怖即将袭来
弗兰茨·冯·巴本总理取消了对冲锋队和党卫军的限制。在大选中，纳粹党获得了1370万张选票，在议会中获得了230个席位。

▲ 冲锋队成员在游行队伍前站岗

## 1933 德国总理
兴登堡总统相信，只要让纳粹党党魁在联合政府中担任领袖，就可以控制纳粹党。于是，兴登堡总统任命希特勒担任德国总理。

▲ 这张海报将兴登堡和希特勒都描绘成政府领袖

## 1934 血腥清洗
为了安抚军队、消除潜在的威胁，在"长剑之夜"中，希特勒清洗了冲锋队领导层，报了旧仇。

## 1931 合作和联合
国家人民党和纳粹党合作，共同组建政府。2年后，希特勒总理任命胡根堡担任经济和农业大臣。

▲ 希特勒同第三帝国内阁成员坐在一起

## 1933 国家人民党终局之战
胡根堡提议将国家人民党的名字改为德国国家战线（DNF），这能更好地代表国家政治格局。不过，国家战线影响力逐渐减弱，许多成员都加入了纳粹党。

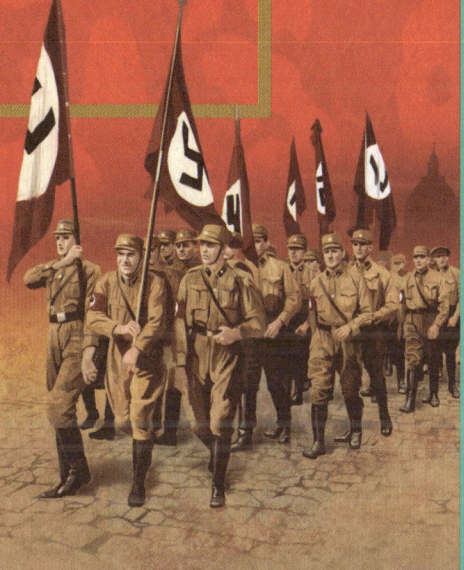

▲ 纳粹选举海报："女性，拯救德国家庭！为希特勒投票吧！"

## 1922 作为政治工具的刺杀
前志愿军成员刺杀外交部长瓦尔特·拉特瑙（Walther Rathenau）。他们认为拉特瑙支持左派，而拉特瑙也是犹太人。

▲ 拉特瑙被前自由军部队杀害

## 1933 对纳粹忠诚
在纳粹党一次具有象征意义的集会中，旧志愿军军旗在肃穆的仪式中被移交到冲锋队和党卫军领袖手上。

## 1933 宿敌
希特勒成为德国总理后，国防军继续扩大。然而，高级官员对冲锋队逐渐增长的实力产生了担忧。冲锋队的人数已达约300万。

## 1934 忠诚问题
在"长剑之夜"中，希特勒得到了军队的配合。后来，德国军队被要求向希特勒宣誓，以表忠诚。

▲ 1928年，希特勒和冲锋队成员摆出的姿势

勒决定从主流政治环境中掌权，罗姆也是这样理解的。在这方面，罗姆认为："……因为我是一个不成熟的、好战的人，战争和混乱比良好的资本主义秩序更吸引我。人们要尊重残暴，人们需要的是完完全全的畏惧。"尽管在纳粹早期运动期间，罗姆是希特勒的密友，但他并没有将希特勒看成是要服从的神圣领袖。罗姆想追逐自己在党内的目标和权力，也是由于罗姆的这种不顺从，最终导致他于1934年死亡。格里哥·斯特拉瑟（Gregor Strasser）和他的兄弟奥托想要强调民主社会主义中的社会主义元素，想在运动中开辟自己的道路，最终也都失败了。

## 经济危机

"一战"战败给德国带来了沉重的压力，随之而来的经济社会混乱局面也使许多德国人愿意给纳粹党一个发声的机会。20世纪20年代中期，局势有所改善，许多人脱离了极端政治的边缘。但到20世纪20年代后期，局势又一次不稳定，纳粹所需的传播基础非常适合给大众洗脑，以宣传自己成为合法政府的必要性。

1928年，全球市场食品价格开始下跌，德国农民遭受重大损失。德国正在1923年恶性通货膨胀的灾难中逐渐恢复。根据《凡尔赛条约》，德国还需对英国和法国支付战争赔款，而这都需要从美国贷款。随着世界经济出现下滑，德国本就脆弱的经济更是危机四伏。1929年，华尔街金融市场崩盘，大萧条开始，美国叫停了对德国的贷款。于是和其他国家一样，德国经济迅速衰退。

大银行破产、失业率迅速飙升，德国的主流党派对此无法给出大众希望或有益的帮助。1929年年底，约150万名德国人失业。一年之内，这一数字翻了一番多。1933年年初，德国失业人数激增到惊人的600万。当时政府的应对措施是减少开支、工资和失业救济——这是一些灾难性的举措。不仅工薪阶层受到了经济危机的影响，中产阶层也遭到了打击。人们绝望地寻找答案、帮助和希望。极端党派似乎是为在极端时期提供答案而生，共产党和纳粹党在大街上为了谁是至高权威争论不休。

希特勒如鱼得水。1929年纳粹党成员人数是12万；1930年这一数字跃升至100多万。由于不稳定的局势持续不断，德国频繁选举。1928年，纳粹占据2.5%的大选席位；而到1930年，纳粹所占席位已超过18%。1932年，纳粹党拿下超过40%的选票。希特勒对"真正"德国人的忠告是要团结。他呼吁大家在战时回归同志情谊。尤塔·吕迪格尔（Jutta

▲ 党卫军扛旗站在两边,希特勒从中间走入,出席位于比克堡的秋收感恩节

> 最初,他对纳粹的主张还抱有一些担忧,不过后来他就成为了那些对希特勒的话唯命是从的典型。

Rüdiger),后来德国少女联盟的领袖回忆:"有人告诉我,这位前线战士(希特勒)曾说过……唯一有意义的感情就是愿意帮助彼此并肩作战的同志情谊。"

## 为希特勒投票

1932年,希特勒挑战年迈的"一战"将军保罗·冯·兴登堡(Paul von Hindenburg),竞选德国总统。在政府无能、总理频换、经济萧条和政治剧变的混乱情况下,希特勒参加了两次总统选举,声势浩大。这主要归功于他的宣传一把手——约瑟夫·戈培尔。希特勒成为首个乘飞机在国内四处宣传的政治家。他最多一天内飞到五个城市发表演说,就像从天而降般。这些"德国上空的希特勒"活动大获成功。醒目而有效的选举海报也派上了用场。一份写着"希特勒——我们最后的希望!",另一份写着"工人们——眉头紧锁、拳头紧握——为前线士兵希特勒投上一票!"

# 魏玛共和国时期的右翼轴心图

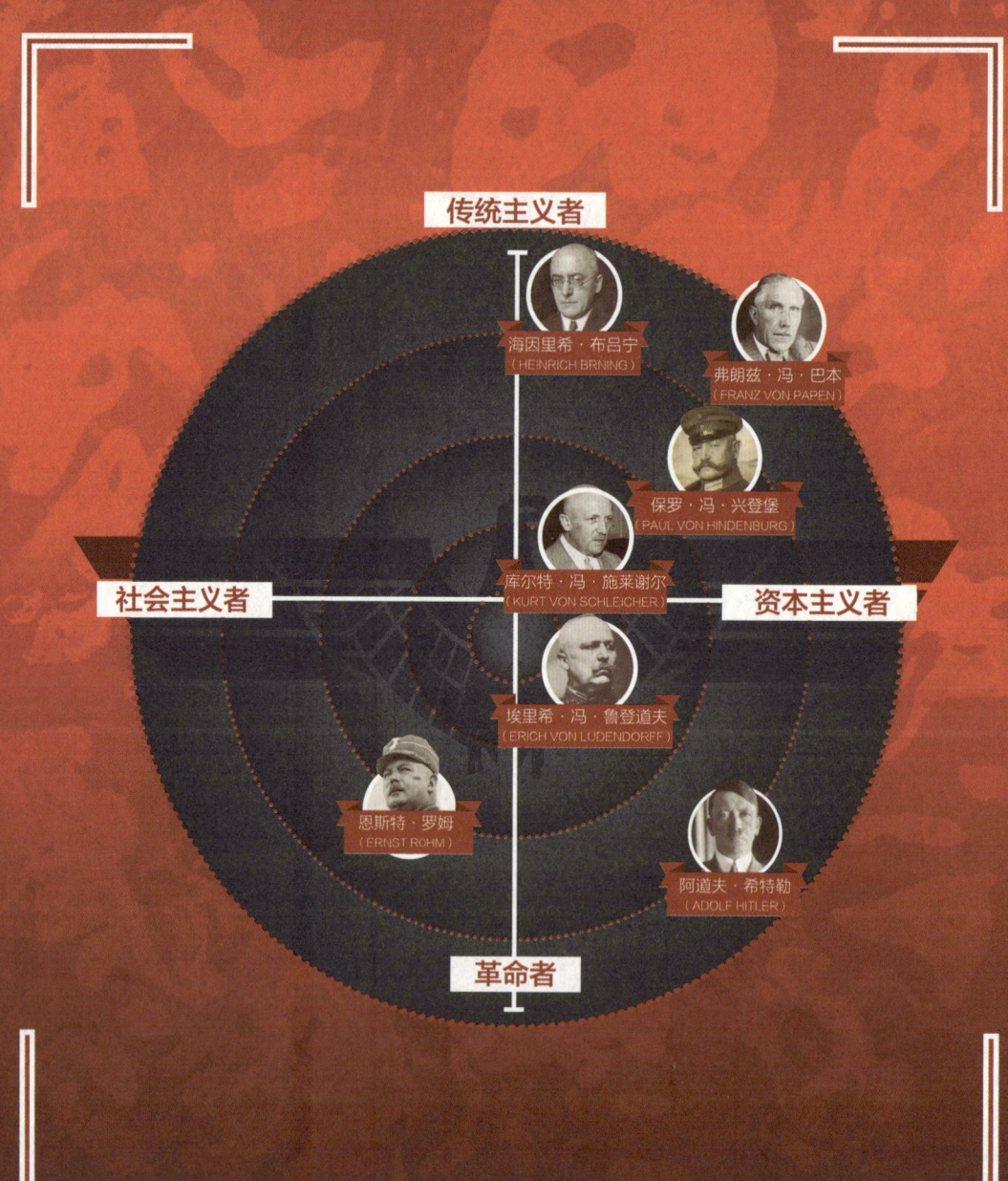

## 德国政府的主要人物的不同救国方法

### 阿道夫·希特勒

20世纪20年代以后的纳粹党领导人。希特勒认同极权主义国家，认为这种国家形态的各个方面都是卓越的，超越个人。

希特勒在政治上务实，被迫与德国工业家和金融家合作，以巩固自己的权力。但是，他厌恶资本主义，强化了国家对经济和社会制度的控制。

### 海因里希·布吕宁

布吕宁于1930年3月至1932年5月担任魏玛政府总理。他与纳粹党谈判失败，未能成立联合政府。在回忆录中，他声称已提议恢复霍亨索伦君主制，防止希特勒在兴登堡去世后控制德国。

### 保罗·冯·兴登堡

作为第一次世界大战的英雄，年迈的兴登堡担任了两届德国总统。为保守起见，兴登堡也陷入了战后的政治动荡。1933年，他签署了"授权法"，赋予了希特勒近乎独裁的权力，并成为了纳粹党崛起的同谋。

### 恩斯特·罗姆

罗姆是激进的社会主义者，也是冲锋队的领袖。他的手下在街头与反纳粹派系斗争。冲锋队队员数量开始逐渐超过德国军队，而希特勒认为这是一种威胁。在1934年的"长剑之夜"，罗姆被暗杀，冲锋队被清洗。

### 弗朗兹·冯·巴本

冯·巴本是一位保守派和君主主义者，在1932年6月至11月担任魏玛共和国总理。1933年，主要是冯·巴本说服兴登堡任命希特勒为德国总理。他认为在政府中拥有职位会控制住希特勒和纳粹党，但遗憾的是，巴本错了。

### 库尔特·冯·施莱谢尔

作为魏玛共和国的最后一任总理，施莱谢尔在违反《凡尔赛条约》的情况下重建了德国军队。施莱谢尔是温和派的政客，他试图组建一个中间派联合政府，应对迅速发展的纳粹党。这一举动引起了希特勒的敌意，导致施莱谢尔在1934年的"长剑之夜"被暗杀。

### 埃里希·冯·鲁登道夫

鲁登道夫是"一战"期间颇有影响力的将军。20世纪20年代，幻想破灭的鲁登道夫与右翼人士联系紧密。他还参与了1920年和1923年均失败的政变。鲁登道夫曾担任国会的民族社会党成员，但后来又针对纳粹政府发出警告。

着围观群众。还有一份写着:"德国女性,想想你们的孩子——为希特勒投票吧!"上面还画着一个受惊的妇女紧紧抱着自己的孩子。另一份写道:"马克思主义是资本主义的守护天使——为民族社会主义投下一票吧!"这份海报把资本主义描绘成衣着考究、大腹便便的犹太人,手里攥着一袋钱。这些简单的海报受众面涉及每个人,而它们统统瞄准同一目标:犹太人。

不过,德国的政治精英并不这么认为。他们眼中的这位工人阶级下士可不是什么命选之子。随着德国社会、政治和经济持续混乱,必须有人采取措施解决问题了。兴登堡认为,如果从政府内部管控而不是从外界刺激,那么他们能够控制希特勒和极端的纳粹分子。他同意希特勒担任德国总理,但要由弗兰茨·冯·巴本,这位保守派人士,担任副总理。

这两个人选择的道路相差之远很快就显露出来。1933年1月30日,希特勒上任德国总理不到一个月,位于柏林的德国议会大厦发生火灾。荷兰共产党党员马里努斯·凡·德尔·卢贝(Marinus van der Lubbe)或为背后主谋,但也有人指出纳粹参与其中。希特勒称,这是国家

▲ 1933年,希特勒在多特蒙德的一次纳粹集会上,向士兵们发表演说

▲ 希特勒在彩排演讲时为拍照所摆的造型。希特勒会检查自己的每一个造型,以将自己的语言效果最大化地呈现给德国民众

▶ 1933年5月21日,新当选的德国总理阿道夫·希特勒在第一次议会期间受到代表鼓掌欢迎

▲ 1933年,希特勒作为统帅参加纳粹集会

希特勒对"真正"德国人的忠告是要团结。他呼吁大家在战时回归同志情谊。

▲ 1934年《标准晚报》中的一篇专题报道所引用的一则漫画,展现了希特勒在"长剑之夜"中双面开枪的能力

## 纳粹恐怖政权内窥

希特勒试图控制德国人生活的方方面面，以强化他的权力

### 劝说性宣传
纳粹利用系统的宣传来传播他们的意识形态，并迫害他们认为是德国人民敌人的人。这些宣传有效地增加了人们对纳粹的忠诚。如希特勒鼓吹的那样："一个帝国，一个民族，一个元首！"

### 恐怖统治
作为纳粹统治的支柱，德国充满了各种恐怖活动。那些持异见的人会遭受监禁、折磨或死亡的威胁。纳粹秘密警察，或称盖世太保，几乎到处都是。

### 合并政府
作为总理，希特勒废除了总统办公室，宣称自己是元首。他延迟个人自由、清除异己、镇压反对派，由此成为了一名独裁者。

### 工薪阶层的普罗大众
纳粹废除了工会，将人们的入会资格转入第三帝国劳工阵线。纳粹还伪造工作项目，为人们创造出长期繁荣的幻想。

### 对宗教的重新定位
纳粹意识到宗教在许多德国人的生活中是十分重要的，小心翼翼地不对主流教会表示公开的敌意。然而，他们却利用民族主义和希特勒的形象作为"救世主"以唤起人们"宗教般"的热情。

### 强迫的文化
艺术、文学、音乐或任何被认为具有颠覆意味的表达都被付之一炬。德国在文化、科学和社会交往的每个方面都反映了纳粹的世界观。

### 坚定的青年
青年人属于一个更伟大的德国。在一次希特勒青年团的集会上，他说，他们是德国的未来，要求他们"像克虏伯钢铁一样坚强"。从教室到家庭，纳粹都产生了重大影响。

完全紧急状态的最后标志。1933年3月24日，德国通过了授权法，允许国家不通过议会的许可直接立法。希特勒声称，纳粹党是德国允许的唯一合法政党，其他所有政党和工会全部解散。德国一些州失去了自主权，纳粹官员成为州长。他还宣布犹太人是"非雅利安人"，由此被禁止从教、从政、从军和从商。第一个集中营设在达豪，地处慕尼黑附近，于1933年3月21日设立。现在，希特勒是德国实际的独裁者，而德国已完全变成了一个警察国家。

随着外部敌人得到控制，希特勒又将肃清的枪口对准纳粹内部。希特勒决定对恩斯特·罗姆采取惩治措施，因为罗姆总是不安分地想要更多权力。他不服从元首，还认为冲锋队应该同德国军队合并，听从他的指挥。希姆莱和戈林配合做假证，诬陷罗姆有意发动政变。兴登堡要求希特勒做出行动。1934年6月30日，罗姆和冲锋队领导层与其他所有被希特勒认为有意阻碍自己上位的人一同被处决，其中还有格雷戈尔·施特拉瑟尔。希特勒的血流成河的第三帝国正式拉开了序幕。

# 第二次世界大战

希特勒的"二战"计划迅速展开。
不过，他犯下多个错误，耽搁多项事宜，耗资巨大。
历史证明，这些问题对他的失败产生了决定性作用。

**54　战争中的希特勒**
希特勒的领导力及其对第二次世界大战的影响

**68　闪击战：希特勒的闪电战**
纳粹战争机器使欧洲臣服

**76　希特勒的英国之战**
希特勒首尝战败之味

**86　隆美尔的非洲军团**
在元首的这位"沙漠之狐"手下生活是怎样的呢？

**102　对巴尔干迟到的突袭**
墨索里尼的失败迫使希特勒耗费巨大进行干预

**108　希特勒VS斯大林：巴巴罗萨行动**
希特勒在东线与势均力敌的对手相遇

**128　希特勒的死亡集中营**
犹太人问题的终极解决方案

**139　库尔斯克会战**
失败正朝希特勒缓缓走来

**152　希特勒的复仇：阿登高地**
德意志第三帝国的最后反攻

**171　柏林之战**
希特勒的背水一战和德意志第三帝国的终结

到1945年，希特勒唯一在做的事就是告诉他手下的将军要做什么，而他对这些人根本不信任。

# 战争中的希特勒

阿道夫·希特勒的领导力对"二战"中的那些关键时刻产生了多大影响？我们来看看杰弗里·梅加吉（Geoffrey Megargee）博士对他的战术造诣方面的判断。

自1945年第三帝国倒台以来，人们对希特勒领导力的判断主要来自各位将军的描述。他们中的许多人这时对这位前任领导人愤慨不已。随着德国沦陷，他们抓住机会在每个场合批评、指责元首。但在诽谤和背叛之下，希特勒的领导风格真的如此不受欢迎吗？他的决定在多大程度上影响了第二次世界大战的结果？

"多年来，我们了解的希特勒都是那些将军眼中的他，而他们有很多理由有意或无意地说谎。"杰弗里·梅加吉博士说道，"他们或多或少地指责希特勒不听建议执意开战，后又任意干预指挥官的决策，导致战败，但这些都没有为我们呈现出一个完整的画面。"

1939年9月1日，德国向波兰宣战。希特勒没有预料到英国和法国会强烈反对。在英法两国向德意志第三帝国宣战后，德国人民不由得心烦意乱。德国人对"一战"仍记忆犹新。1918年战败及20世纪30年代大萧条之后，德国才刚刚开始再次发展。现在，纳粹的领导人正在将他们拖进与老对手的另一场战争中。尽管广受支持，但希特勒依然遭到人们的批评。"二战"的开始使德国士气大幅下降。

不过，在短短几周内，法国就在德国的闪击战策略下沦陷，德国民众的情绪也随之发生了变化。梅加吉博士认为："法国被淘汰出局，我认为希特勒那时在德国的支持率可能达到了最高，因为德国在几周之内就成功击败了这个在'一战'中花费4年击败德国的对手。这么一块难啃的骨头被希特勒啃下，这是相当大的成就。"

凭借这一成功，希特勒迅速参与了德军作

战的各个方面——参与程度远远超过其他国家的领导人。他以注重细节而闻名，但这点往好了说是干扰，往坏了说就是作孽。"从一开始，希特勒就负责制定战略，决定德国要和哪国开战。他的决定并不是（如各位将军所言的）那么的不受欢迎。"

"他们都赞成对波兰发起战争；他们都赞成对苏联发动战争。对希特勒而言，这两个决定并非不得人心。"

"但是当我们进入战争的下一步行动，即计划和开展战役时，希特勒就处于劣势了。他提出过一些很好的见解，也做出过一些明智的决定，但他没有受过任何系统的作战训练，这是很明显的。"

希特勒平时就不听任何建议，他是一个宁愿凭自己直觉而不听取各位将军理性观点的领导者。这个评价在某种程度上是正确的。希特勒对他的一些高级军官十分不信任，而后者反过来也批评他缺乏战争经验。随着战争进行，希特勒变得对他人更不信任，行为也更不确定。

梅加吉博士认为，有人指出，主要是军官干扰了人们对希特勒领导力的看法，因为他们不喜欢希特勒插手作战指挥。"比如1938年10月到1942年9月担任总参谋长的弗兰茨·哈尔德（Franz Halder），和希特勒的关系就是被动攻击型。他表面上支持希特勒，但背后会找各种方式不按希特勒的决定实施。不过，在战争开始的前几年，希特勒是高度依赖这些将军的。他会从战术战略层面咨询他们的意见，尽管他也会向其他非军事人员咨询。"

## 对于一个国家元首而言，他要以指挥官的身份说清一支小分队有多少辆载重汽车。这简直太荒谬了。

▲ 哈尔德将军（希特勒左）和其他人一起在地图前探讨作战方案

# 入侵波兰
## 1939年9月1日—27日

1939年9月1日，纳粹德国入侵波兰。两天后，英国和法国向德国宣战，第二次世界大战正式开始。入侵波兰的行动由总参谋长弗兰茨·哈尔德将军设计，但最终下令的是希特勒。德国采用了闪击战（即闪电战）策略——先用装甲坦克和飞机削弱波兰前线战斗力，然后派步兵在这一间隙内冲到前线。虽然这种作战方式不是希特勒提出的，但非常成功。1939年9月27日，波兰投降。不过，苏联从东部进入波兰，使波兰一分为二。这场入侵行动的影响波及全球，也标志着第二次世界大战正式开始。希特勒在攻打其他国家时也采用了相同的策略，如1940年入侵法国。

## 专家观点

"如果开战，那么1939年9月可能是最好的时机。"梅加吉博士说道，"同盟国越来越强大，所以当时开战的时间点对德国并不利。我认为，希特勒也可能说过这种话。但是，他认为英国和法国不会参与其中，而他也认为英法两国不会把德国入侵波兰当作一回事，可他还是低估了这两个国家。"

## 结论：成功

挑起战争本身是一个非常错误的战略决策。但如果一定要开战，当时的时间点确实是最好的时机。

▲ 弗兰茨·哈尔德将军（左）同冯·布劳希奇将军

▲ 希特勒注视德军奔赴波兰

# 法国沦陷
## 1940年5月10日—6月22日

由于英法对德宣战,希特勒知道他必须打败法国,才能抵挡同盟国的攻击。因此,1940年5月10日,德国入侵了高卢邻居。作战计划分两步。第一步被称为"黄色计划"。德军进入阿登地区,并在比利时将同盟军逼回海边,这最终导致从5月26日至6月4日,英国远征军大规模撤离敦刻尔克。第二步被称为"红色作战",于6月5日开始。德军凭空军优势和装甲部队轻取了已精疲力竭的法军。于是,德国军队在6月14日挺进巴黎。6月22日,德国与法国签署了停战协议。直到1944年,德国一直占领法国的北部和西部。这两个主要行动不是希特勒的计划。但是希特勒说服德军最高指挥官接受了这两项行动计划,而这是德军击败法国的一个重要因素。此战防止了"一战"中出现的僵局,并使德军将更多精力集中在应对其他敌人上。

## 专家观点

在战争的这个阶段,希特勒非常担心接下来该怎么打。他对此次通过阿登高地抵达英吉利海峡海岸的这支部队的左翼非常担心。他也担心法军可能会反击。是希特勒让(德军最高指挥官)接受了埃里希·冯·曼施坦因的计划,绕过了阿登高地。在此之中,他扮演了重要角色。

## 结论:成功

希特勒的直觉是听从曼施坦因的安排。希特勒的这个决定是对的。

▲ 法国沦陷后,希特勒在巴黎

## 谁是埃里希·冯·曼施坦因?

埃里希·冯·曼施坦因于1887年11月24日出生于柏林。"二战"开始时,曼施坦因担任了德国陆军集团南部参谋长。1940年德国入侵法国期间,他是攻打阿登(也被称为"黄色计划")的主要支持者之一。这使德国在欧洲开展的战争迅速获胜。曼施坦因后受封为将军,但他常常批评希特勒的战略,加上他在1942年未能扭转斯大林格勒战役的颓势,1944年3月,曼施坦因被德国军队驱逐。1945年8月,他被英军俘虏并监禁。约30年后,曼施坦因于1973年6月9日去世。

---

- 1940年5月14日,荷兰向德国投降。
- 1940年5月26日,同盟军退回到敦刻尔克,撤离到英国。
- 1940年5月17日,德军攻进布鲁塞尔,拿下安特卫普。
- 1940年5月21日,德军占领大部分法国北部地区,包括阿布维尔市和亚眠。
- 1940年6月14日,德军占领法国。
- 1940年6月25日,法国正式向德国投降。三天前,双方签署了《法国德国停战协议》。
- 1940年5月10日,德军开始向西欧行动。
- 1940年5月11日,德军占领卢森堡。

# 大西洋之战
## 1939年9月3日—1945年5月8日

希特勒的作战经验全部是关于地面战的,所以在海战面前,他更像是一个新手。他对海军没有太多了解,因此在大多数情况下,希特勒将海上作战任务交给了他所信任的将军,包括埃里希·雷德尔(Erich Raeder)和卡尔·邓尼茨(Karl Dönitz),他们都曾担任纳粹德国海军总司令。

大西洋之战是"二战"中持续时间最长的战役。大西洋之战于1939年9月3日爆发,一直持续到1945年5月8日。大部分战役的作战双方都是纳粹德国海军与英加同盟海军。1941年后,美国加入战争。德国海军非常依赖U型潜艇,使用的战舰只有少数几艘。

在这场战役中,主要战术是同盟军对德军实施的封锁,以及后来德国海军实施的反封锁。德军的U型潜艇尝试袭击横跨大西洋的护航船只,但是由于同盟军海军力量强大,加上希特勒将大量U型潜艇撤至其他战役的决定,最终在1944年,同盟军获得了对大西洋和海峡的控制权。

### 专家观点

希特勒参与了一些重要决定,特别是将U型潜艇撤出大西洋战场,派至挪威和地中海。人们可能不会说这些决定是削弱德军力量的致命性决定,但显然,这些决定没有对德军作战起到积极作用。

### 结论:失败

在建造U型潜艇方面,希特勒三番两次改主意。这确实极大地影响了大西洋之战(行动)。

▲ 1941年,一艘护送船只的驱逐舰上的军官,在留意敌方潜艇

▲ 英国皇家海军战列舰"巴勒姆号"的38厘米弹仓着火,致使船体爆炸

不过，元首可不是个傻白甜。他清楚地知道有些军官对他怀有恨意，而他也在有机会时利用这一点。"他会让将军们内斗。将军们在指挥室提出作战意见后，希特勒会选择他同意的那个人。这是一种分而治之的领导方式。希特勒一旦决定要做什么，就会非常执着，一定要完成。"

前文提到，希特勒极其关注细节。他对一件小事的微不足道的细节也会亲自关注。如果提问时将军不能回答细节问题，比如，某支部队具体的坦克数量，那么希特勒便会对其做出惩罚。自1943年起，希特勒每次开会都要带着两名速记员。尽管在战后很多记录已经被烧毁，但据幸存人士回忆，希特勒在开会时会精细地讨论前方小分队的战斗轨迹，讨论他们的战备。

希特勒的过度参与导致问题开始出现。"可以说，希特勒关注的点过于细致了。"梅加吉博士说道，"对于一个国家元首而言，他要以指挥官的身份说清一支小分队有多少辆载重汽车。这简直太荒谬了。只看这些，他完全无法充分理解到底什么样的状态才能使战局对自己有利。"这就是希特勒对细节不厌其烦的关注程度。在战争最后阶段，没有希特勒的口头允许，几乎没有哪支部队可以自由移动——尤其是在撤退的时候。"

"除了过分依赖细节，随着战争推进，希特勒更加依靠自己的直觉。有时他的直觉非常准，但大多数时候并不准。"梅加吉博士继续说道，"坦白说，到1944年，他似乎活在一片幻觉之地上。他认为自己能够冲破同盟国的防线，将英军从美军中分离出来，这样一来，整个同盟国西部联盟就会崩溃，然后他就可以（东进）攻打苏联了。那时的希特勒已经开始妄想了。"战争进行到这个时候，希特勒的将军们都在尽最大努力劝诫他采取不同策略，比如发动小型攻击而不是大规模进攻，但希特勒都没有听。

虽然希特勒的问题多多，但他偶尔也会做出一些明智的决定。但发动一场战争无疑是最大的败笔。"开始整个战争就是个坏主意。"梅加吉博士说，"至少，让德国在同一时间对抗英国、苏联和美国这一想法就有问题。曾经有人问我，在我眼中从什么时候德国就失败了，我半开玩笑地说'1939年9月1日'。"

希特勒的指挥受到了控制，或者更确切地说，是他让别人控制了自己的指挥权。在冲突开始时，他设法以合理的方式管理自己和军队。当战争的车轮开动，入侵波兰后，德军迅速控制了其他欧洲国家。

然而，令希特勒没有想到的是，英国坚决拒绝任何形式的外交谈判。"由于英国不放弃战争，希特勒的选择变得非常有限。"梅加吉博士

## "二战"中的关键时刻

**1939**

**"二战"爆发**
德军入侵波兰。两天后，英法两国对德宣战。这标志第二次世界大战开始。
**1939年9月1日**

**大西洋之战**
"二战"中耗时最长的战役。同盟国和轴心国为争夺大西洋的控制权而开战。
**1939年9月3日**

**闪击战**
德军控制了包括比利时在内的大部分西欧地区。最终，以法国投降告终。
**1940年6月25日**

**纳粹德军空袭**
德国空军向英国发动空袭，但遭到英国皇家空军的负隅抵抗。4个月后，英国皇家空军获胜。
**1940年7月10日**

# 不列颠之战

## 1940年7月10日—10月31日

德国以惊人的速度击败法国,这使得希特勒有些迷茫,不知道接下来该做什么。德军最高指挥官尤其不相信法国会在这么短的时间内投降,因此他们也开始着手准备德军下一步的行动。

希特勒非常清楚,英国是重要的威胁,而且几乎没有外交决议的可能,德国与英国之战不可避免。但是,入侵英国(也被称为"海狮行动")的胜算非常小。英国皇家海军实力远超纳粹德国海军,而英国皇家空军也具有巨大威胁。如果入侵,德军希望尽可能进行陆上战,而纳粹德国海军则坚持认为德军的这一行动是不可能获胜的。

在多个选择中,希特勒最终选择通过空袭来测试英军的防御能力。如果德国空军可以设法在空中获得优势,那么就可能使英国皇家海军受困,同时德国陆军可以在地面全面开战。

然而事实证明,英国是比德国想象得更为顽固的对手。英国皇家空军不仅仍然占据空中优势,更从未想过投降。导致这一结果的关键因素之一是德国空军将轰炸目标从英国的军事目标和机场转变为伦敦等城市。

由于德国空军无法获得空中优势,于是,1940年10月,希特勒无限期地推迟了"海狮行动"。不过,德军对英国平民的轰炸却仍在继续。

### 专家观点

当时流行的说法是,当德军转变策略(从轰炸飞机场转为轰炸城市)时,英国皇家空军举步维艰。但这实际上减轻了(英国的)压力。虽然英国皇家空军遇到了困难,但他们真正要做的就是稍稍退回国内稍远的地方,保留资源,而这仍然可以有效地阻止德军入侵。我不认为德国空军有真正的机会击败英国皇家空军。

### 结论:失败

希特勒可能参与制定了从空袭机场、雷达站转为轰炸伦敦等城市的这一决策。但这并没有对德军作战产生积极影响。

> 法国之战已告一段落,不列颠之战即将开始。
> ——丘吉尔,1940年6月18日

---

**入侵苏联**
德军入侵苏联,违背了两国在1939年签署的《苏德互不侵犯条约》。
1941年6月22日

**偷袭珍珠港**
日军战机偷袭了位于珍珠港的美国军事基地,造成2000多人死亡。美国参战。
1941年12月7日

**诺曼底登陆**
30多万名同盟军士兵在法国北部诺曼底登陆,旨在打破德国对欧洲的压制。
1944年6月6日

**希特勒去世**
在柏林之战中,德军即将被苏军击败。随后,希特勒在元首地堡自杀。8天后,德国投降。
1945年5月1日

**核攻击**
美军向日本广岛、长崎投下原子弹,导致数万人死亡。9月2日,日本投降,第二次世界大战结束。
1945年8月6日、9日

# 入侵苏联
## 1941年6月22日—1944年7月24日

1941年，当希特勒决定入侵苏联时，是他插手军队事务最多的时候。1941年6月22日，长达5个月的巴巴罗萨计划开始，这标志着德军和苏军正式开战。1944年7月，苏军解放明斯克和马伊达内克，宣告双方战争结束。

希特勒和他的将军们认为，如果德军持续进行高强度攻击，那么苏联一定会沦陷。他们天真地设想苏联红军会崩溃，苏联会在德国短期军事行动后立即投降，这样德国就可以占领苏联大部分地区，并将注意力集中在西线的英国。当然，这一切根本就没有发生。希特勒对苏联的低估是导致德军入侵苏联失败的主要原因。

针对巴巴罗萨计划的主要攻击方向，希特勒开展了多轮讨论。要么是直攻莫斯科，要么先攻占乌克兰，然后北上攻打列宁格勒。希特勒最终选择了主攻苏联的经济资源而不是首都。在这方面，希特勒的直觉很准。但进攻苏联这个决定从整体而言并不是什么好主意。

苏联没有像德国期待的那样"跪地求饶"。1941年夏天，希特勒制定的行动路线是合适的。但在入侵行动拖延过久后，希特勒拒绝接受将军们的建议，而这主要是希特勒的问题。

在此前的战役中，德军的闪击战策略大获成功，但苏联的策略是先退让再反击，这便成功破解了闪击战。1941年12月，德军已经攻到莫斯科城下，但苏联依旧在反击，这大大消耗了德军军力。随着冬季来临，德军将军们向希特勒建议将德军撤回整合，在1942年春天再次进攻。而希特勒则坚持认为德军应在所在之地镇守，看好所有的重型军械。希特勒也因此遭到了批评。他的决策一开始看上去是正确的，但后期希特勒却过于沉迷于这种策略。

希特勒和手下的将军们认为苏联举步维艰，如果持续攻击，那么德国必将会使苏联精疲力尽。但苏联人素来坚

▲ 1941年6月，德军步兵乘坐装甲车向苏联境内挺进

▲ 1941年，党卫军装甲"骷髅"师待命

强,在成功保卫了几大重要城市(如1942年保卫莫斯科)后,留给希特勒的选择只有撤退。

联红军处境艰难,于是让德军在冬天依然继续挺进,试着往南进攻。因此,德军最终在冬天没有足够的设备,无力抵抗苏军的反击。

## 专家观点

对犹太人实施种族灭绝,对苏联进行谩骂和破坏,都使得德国不可能和苏联讲和。有人会说,如果德国采取另一种态度,那么他们本来是有希望将乌克兰地区、波罗的海国家和其他一些国家从苏联"拐走"的,但希特勒认为德国能够取得快速的军事胜利,没有理由妥协。他相信苏

## 结论:失败

如果忽略攻打苏联这个一开始就是个错误的决定,在操作层面,希特勒做得还不错(一开始还不错,后来就有些失去控制了)。

▲ 战场上使用MG-34机枪的士兵

▲ 开始时德军在苏联的进攻势头不错,但随着冬季来临,战势发生了逆转

▲ 1940年6月,希特勒与高官及将军们的合影

## 1945年,希特勒唯一做的事就是告诉他手下的将军要做什么,而他对这些人几乎完全不信任。

说,"德国经济条件有限。从长远看,希特勒不能持续同英国打下去,因为德国迟早会精疲力竭——即使有苏联支持也是如此。"

"因此,出于战略、经济和意识形态的原因,他决定进攻苏联——无论如何,最终他都会走到这一步。这一决定是基于将军们都支持的假设(苏联会瓦解)做出的,一场短暂的军事行动就可以摧毁苏联红军。但显然,这一决策是失误的。"

实际上,1941年,随着战争推进,德国的失败已几乎不可避免。希特勒的战略选择变得更加有限。梅加吉博士指出,1942年,在第二次尝试攻打苏联失败后,对希特勒而言,"他唯一能做的只是尽可能地坚持,直到同盟国解体。一切都只能依靠幻想,而不是现实"。

1945年,希特勒唯一做的事就是告诉他手下的将军要做什么,而他对这些人几乎完全不信任。在那个时候,甚至更早些,从任何战略角度而言,希特勒都没有带领德意志第三帝国取得胜利的希望。

"老实说,我认为他最大的战略错误就是挑起了第二次世界大战。除此之外,我们再看细节。挑起战争后,希特勒做出的每一项战略决策都引起人们的争议,例如,对苏联和美国宣战。根据当时的条件,与这两个国家开战,德国虽不一定必输,但也绝不会赢得很容易。"

因此,希特勒从"圣人"变成了"毫无理性之人"。他虽不是战争的决定性因素,但毫无疑问,在德国完成如此艰难事业的过程中,他的领导力几乎没有起到积极作用。即使有世界上最强大的将军,第三帝国也还是会战败。虽然对此我们也无法确定,但是我们能确定的是,希特勒并不是他认为的伟大军事领袖。在他的领导下,德军取得了一些胜利,但更多的是失败。而他拒绝接受理性建议这一点,最终使纳粹德国加速走向了失败。

### 此刻事件

1940年6月,希特勒和墨索里尼乘车经过慕尼黑。这张照片是在爱娃·布劳恩的私人相簿中发现的。拍照者是否是布劳恩还不得而知。

# 闪击战：希特勒的闪电战

在现代战争史上，几乎没有哪两个实力相当的国家能打出这样一边倒的战争。法国之战在几周内就结束了……

闪击战，或称"闪电战"，是西方媒体引用的一个德语术语，用于描述德国在1939年9月快速高效地入侵波兰一战。这场战争的对阵双方分别是复兴中的德国和波兰。前者拥有逐渐增强的军事实力，而后者人员匮乏、枪械不足，显然不是对手。希特勒希望德国在此役中展现出的力量能令英法两国看清他的侵略之意，而英法两国并没有意识到。

10月初，希特勒发动"黄色计划"，向西攻进卢森堡、比利时和荷兰，使法国及其盟友军队受损。同时，希特勒还建立基地，向英国发动空袭和海袭，而后开始征战法国。

▼ 德军穿过阿登森林，突然袭击盟军

**和之前的德国元首及更早的普鲁士元首一样,希特勒将作战实施任务交给各部队首长。而这一决定也导致了拖延和耽搁。**

在这一阶段,希特勒非常清楚他希望从"黄色计划"中获得怎样的结果,但他并不了解作战的实施细节。和之前的德国元首及更早的普鲁士元首一样,希特勒将作战实施任务交给各部队首长。而这一决定也导致了拖延和耽搁。最早受任制订计划的是哈尔德将军。希特勒主张快速拿下这场决定性战役,而哈尔德则没有顺从希特勒提出的各种各样的要求。

此时的希特勒在部队首长中获得了有限的支持,攻击计划也几经更改。各将军(正确地)坚持认为秋季和随之而来的冬季不适合全方位入侵。最后是希特勒的一位盟友实施了攻击计划。

这位盟友就是冯·曼施坦因将军,第一集团军总司令。他的计划是将所有军力配备重甲武装,突袭阿登高地,重击法国国防最弱的分支,即马其诺防线的北部。这将是第二次闪击战,代价比

▲ 英国远征军在北部英勇战斗，但仍不敌德国第二军团

攻打波兰还要大。

深入作战的重任落到了第一集团军的肩上。德军有10支装甲支队，其中7支归属第一集团军。第一集团军将穿过默兹河，接着要么向南攻向马其诺防线，要么沿索姆河谷向英吉利海峡沿岸前进。同时，有3支装甲队的第二集团军要将同盟军的火力吸引到比利时，拖住他们，以防同盟军攻入第一集团军无后备保护力量的右翼。第三集团军没有装甲队。他们要加入戍卫马其诺防线的部队，这样会对第一集团军的左翼起到保护作用。

闪击战于5月10日开始，德国空军首先进行了空袭。一早，约500枚双引擎炸弹从空中落下，炸向法国、比利时和荷兰的72个指定机场。在第一缕曙光出现以前，伞兵跳至海牙和莱顿附近的指定位置。德军对比利时的艾美尔要塞发起了最大胆的攻击：步兵出其不意地将滑翔伞落在驻地屋顶，用混凝土穿透弹封锁出口，将比利时卫兵困在了屋里。

出其不意是制胜的关键。对于荷兰这样的中立国而言，出其不意则是最适合的招数。荷兰军队已经有100多年没打过仗了。几个世纪以来，住在低海拔地区的荷兰人做过的最好的防御就是从阿姆斯特丹周围纷繁交错的运河中撤退，并开始类似游击战的战斗。但这种小伎俩在面对德国空军从天而降的炮弹时，简直就是小巫见大巫。第22空降师的伞兵在荷兰中心稳稳地着陆，等候第二集团军。这时，游戏正式开始。5月15日，荷兰政府向德国投降。

比利时也没撑多久。比利时也曾想保持中立，于是不允许英法联军进驻该国。比利时在1940年1月遭受了一次类似"黄色计划"的袭击。后来，比利时将相关细节信息通报给了英法两国。

如希特勒希望的一样，闪击战顺利开展。第二集团军对比利时的攻击吸引了英法联军的火力。英法联军深知，比利时不是一个坚韧不拔的民族，很可能会在英法救援成功前就投降，但英法联军的作战精神依旧高涨。同盟军认定这是敌方的主要火力，而鉴于同盟军人数众多，他们自信地认为可以战胜德国。

不过，德军主要火力是穿过了传说中坚不可摧的阿登高地抵达法国的。第一集团军带着重甲隆隆向前，其装备的坦克最大行程为160千米，在开往默兹河的过程中，几乎未受阻碍。主要的问题是物流——86个师需要使用约1800辆坦克——装甲车、弹药和供应塔都堵在了路上。通信兵们为了传递命令忙得不可开交。

但前进的脚步从未停歇。5月12日傍晚，首个装甲师从两个方向抵达默兹河。尽管桥已被炸毁，法军誓死抵抗，但德军势头不减。到了第二天晚上，德军建好了4个桥头堡。德国空军的重型轰炸机和斯图卡潜水轰炸机使法国的炮兵阵地陷入瘫痪，而在西岸的反坦克炮和防空炮也顶住了法国防御炮台的攻势。

步兵和摩托军团是第一批冲出重围的。它们又继续向前行进了16千米，到达谢姆里。而办事高效的海因茨·古德里安（Heinz Guderian）则亲自监督为坦克修筑的浮桥。这时是同盟军反击的绝佳时机，可以瞄准人头攒动的桥头堡和过渡性的浮桥，但同盟军只是象征性地攻击了一下，便迅速被击退。

通过阿登高地开始空袭，德军便能在法国第二军团和第九军团增援赶来之前突出重围。而这两个军团中有大量未受良好培训的储备兵。和德国不一样的是，法国在之前的8个月内没有使用"静坐战"（假战争）训练他们的储备兵。而在5月14日傍晚，第九军团选择退回到向西16千米的新防御地带。古德里安的桥头堡宽48千米，深28千米。

5月14日，英法联军试图摧毁位于色当的重要浮桥，但他们的170架重型机里差不多一半都被摧毁了。古德里安说："高射炮今天立了大功。"

▲ 装甲35（吨）坦克，装有37毫米大炮，是捷克斯洛伐克制造的轻型坦克，在"二战"中被德军采用

## 反对力量

在法国之战中,从地面作战的人员和装备来看,德军和英法联军的力量不相上下。德国在西部派出了136个师,其中三分之一是久经沙场、训练有素的老兵。英法联军一共104个师,此外还有比利时的22个师和荷兰的10个师。

同盟军召集了约3000辆坦克,德国有大概2500辆,只是少了1500辆一号和二号装甲坦克。德军装备中最有效的是349辆三号坦克和278辆四号坦克,还有330辆捷克坦克,也可以算作德军装甲团的一部分。同盟军最好的坦克是法国的S-35中型坦克和卡尔B1重型坦克。S-35型中型坦克也称法国索玛S-35型中型坦克,被广泛认为是当时全球最好的坦克之一。而德军占据优势的是空军。法国总共出动了1200架战斗机和轰炸机,英国皇家空军又支援了约600架。与此同时,德国空军约有3000—3500架战斗机、轰炸机和侦察机,可与地面陆军协同作战。在作战行动的前几天,斯图卡俯冲轰炸机是空袭的主要武器。

**法国总共出动了1200架战斗机和轰炸机,英国皇家空军又支援了约600架。**

▼ 法国索玛S-35型中型坦克车身装甲厚度为40毫米,并装备一门47毫米口径的加农炮

法国的防线上有个缺口——从南面的色当往北约80千米到迪南——德国第一军团的3个先头装甲部队涌入,古德里安占领了色当,而狡猾的少将埃尔温·隆美尔占领了迪南。法国第九军团撤退后,莱因哈特中将带领士兵穿梭在蒙特尔梅的两个装甲兵团的坦克之间。

5月15日,隆美尔和莱因哈特继续追击被吓坏了的法国第九军团。法军印度属的机枪手建立了坚实的(他们的韧性在多年后的越南战争中可见一斑)渡桥防御,而德军绕过了这些防御工事。不久,法国第九军团的大批士兵投降。

而在其他地区,法国老兵们进行了顽强的抵抗。在迪南北部地区,第一军团骁勇应战。直至里尔被包围前,第一军团都在奋力拼杀。在亨利·吉罗(Henri Giraud)将军的委派下,第九军团集结。戴高乐将军带领他的第四装甲师发起了反攻。尽管这些应战措施都很勇猛,但收效甚微。

随着德国装甲车突出重围,希特勒和部队指挥官都更为谨慎。哈尔德将军想让迅速前进的装甲部队与远远落后于大部队的步兵营齐头并进。自从越过默兹河以来,装甲部队已经前进了64千米。

陆地方面,像古德里安和隆美尔这样富有干劲的指挥官希望向英吉利海峡沿岸挺进。第一军团的所有7个装甲部队都通过了默兹河,形成了一个巨大的铁拳。而之前,他们看到法国第二和第九军团逐渐瓦解。古德里安和隆美尔认为德国胜券在握,事实也确实如此。

在其他地方,南部的法国驻军被阻拦在马其诺防线外。没有有效的交通方式,他们完全无法动弹。同时在北方,与德国第二集团军相比,法国第一军团、英国远征军及其余的比利时军队逐渐趋于下风。尽管如此,希特勒依然备感焦虑。他于5月17日命令德国完全停止进攻。

▲ 德国空军对鹿特丹的破坏促使荷兰很快投降

不过，希特勒和手下的高级将领意见不统一，而德军装甲部队再次发动进攻，进一步向前推进。到5月19日，古德里安的部队距离索姆河口的阿比维尔仅80千米；到了阿比维尔后，德军就将同盟国军队力量一分为二。同盟国需要及时反击，否则为时已晚。而法国总参谋长甘末林（Gamelin）将军命令索姆河北部和南部的同盟军联合反攻。

这是反击闪击战的方式——攻击装甲部队没有保护措施的侧翼力量——但在5月19日，甘末林将军的命令刚到，马克西姆·魏刚（Maxime Weygand）将军就取代了他。魏刚在了解了情况后，撤销了命令。而当魏刚在5月21日制订类似计划时，为时已晚。德军已到达阿比维尔。第九军团沦陷。法国第一军团和英国远征军在北方十分受限。

5月21日，反击计划初显成效。当时英国远征军在阿拉斯发动反攻，而法国第三轻型机械师的两个坦克营（74辆坦克）、两个步兵团和70辆坦克攻向隆美尔的第七装甲师侧翼和可怕的党卫军骷髅师，短时间内造成严重破坏。虽然德军装备数量超过同盟军的装备数量，但在这种近距离的激战中，英国的重型装甲明显更具优势，甚至连强大的隆美尔也受到了震慑。他认为同盟军攻来的不止5个师，而他的这一判断是错误的。

虽然整体而言几乎没有抑制德军进攻的步伐，但阿拉斯之战对英国远征军而言非常重要。阿拉斯之战向德国高级将领们证明，德军的装甲先头部队走得太快、太远。也是这场战争促使5月24日德军停止装甲部队向英吉利海峡沿岸进攻关键因素。德军装甲部队此后两天未动。这给英国远征军提供了宝贵时间。5月26日，"发电机计划"启动，以便将英国远征军从敦刻尔克的海滩和港口撤回。英国远征军是英国唯一的军队。面对德军如此残酷的杀戮行为，英国不敢拿它冒险。

▲ 埃尔温·隆美尔（中右）在法国之战中扮演了重要角色

当然，希特勒不希望英国远征军逃掉。鉴于德国空军的空中优势，他错误地认为英军从海上撤离是不可能的，便命令戈林和他的空军摧毁英国远征军。然而，当希特勒意识到错误时，敦刻尔克的防御工事已经完成。同时，由于英国海军十分勇敢，加上无数小船主和英国皇家空军鼎力相助，6月4日，超过30万名同盟军士兵在敦刻尔克安全撤离。

尽管"发电机计划"的成功是英国的胜利，但现实情况却并不是这样的，希特勒错过了击垮英国唯一常备军的机会。但敦刻尔克撤离标志着一场旋风突击的高潮，而这次行动几乎使法国战败这一结果板上钉钉。5月27日，比利时军队在敦刻尔克北部投降。3天后，具有很强适应力的法国第一军团也被迫在里尔投降。

短短3个星期内，德军俘虏了超过100万人，却只损失了约6万人。德军把英国盟军从法国驱逐了出去，又摧毁了荷兰和比利时的军队。法军损失了90个师中的30个，只剩下3个装甲师，坦克也几乎全部损坏。唯一仍在索姆河南部浴血奋战的同盟军是来自英国的两个师。

魏刚还有66个师，其中许多人已经筋疲力尽。他们现在面对的战争前线比闪击战时期的前线还要长。与此同时，德军手中有89个步兵师和15个装甲机动步兵师可调配。后者还可以分为5组，每组包括两个装甲师和1个机动步兵师。这将为剩下的欧洲陆地战提供作战模型。

与此同时，德国空军继续与陆军精密合作。一方面，德国空军可以将约2500架攻击机——战斗机和轰炸机——投入空中；另一方面，加上从美国火速购买的飞机及英国皇家空军派遣过来的飞机，法军可使用的飞机数量不到德军的一半。6月5日，德国开启进攻的第二部分"红色行动"，而那时，法国已经注定失败。

魏刚和剩余部队顽强抵抗，并形成了"魏刚线"——从阿布维尔海峡延伸到马其诺防线，这是根据棋盘战略而组织的。其中森林和村庄布满了士兵和反坦克武器。即使有装甲先头部队通过，这些士兵和武器也能够独立战斗，正常运转。

但法国的防守还是失败了，不是因为人们怯懦或不够聪明，而是因为法国人缺乏必要的物资。防守的人们奋力拼搏，甚至打赢了几场战争，尤其是6月5日和6日，法方对敌方坦克造成了重大伤害。尽管如此，第一批德军还是于6月14日抵达巴黎。有许多报道描述了法国人坚持不懈的勇气和自我牺牲的精神——一种类似索米尔骑兵学校警官的英雄主义——法国于6月22日在贡比涅提出无条件投降。德国赢得了法国之战。

法国迅速而彻底地失败了，这使许多战争学学生完全无法理解。法国军队的移动作战装备很差，许多士兵训练不足，而且大部分法国军官的领导能力也很差。简而言之，法国输给了一个优越的战争机器。1940年，闪击战的胜利确保了希特勒在欧洲西部的统治。到6月底，他向英吉利海峡对岸的英国投去了贪婪的目光。现在，欧洲命悬一线。

# 德国向西入侵之路

**1. 入侵开始**
5月10日
第二集团军从北部方向集结，牵引同盟国军力。第一集团军向阿登高地挺进。第三集团军从南部前往马其诺防线。

**2. 迪南和蒙特尔梅**
5月12日—15日
埃尔温·隆美尔镇压了迪南微弱的抵抗，同时渡过了默兹河。不久，第九军团撤退后，莱因哈特带兵穿越了蒙特尔梅。

**3. 色当之战**
5月13日—14日
古德里安在色当攻击法军，渡过默兹河。随着古德里安、隆美尔和莱因哈特都渡过默兹河，装甲部队大战开始。

**4. 抵达阿比维尔**
5月20日
在抵达英吉利海峡的阿比维尔沿岸后，德军切断了索姆河北岸的英法联军，将联军困在敦刻尔克。

**5. "发电机计划"**
5月26日—6月4日
希特勒决定在5月24日提前停止装甲车的进攻，这给了英法联军确保敦刻尔克周边安全的机会，并使他们开始撤退英国远征军。

**6. 巴黎沦陷**
6月14日
"红色计划"是最后征战法国的战役（6月5日），其见证了德军在9天内攻进巴黎，对同盟国造成惨重打击。战争最后的结果也同样十分悲惨……

**7. 抵达布雷斯特和波尔多**
6月19日
霍斯的装甲军团于6月19日抵达布雷斯特，这使德军完全控制了拉芒什海峡沿岸。此后，德军向南部的波尔多推进。

**8. 法国和德国签署停战协议**
6月22日
法国投降时，经过"黄色计划"和"红色计划"，德军已经控制了从波尔多到瑞士边境全线地区。

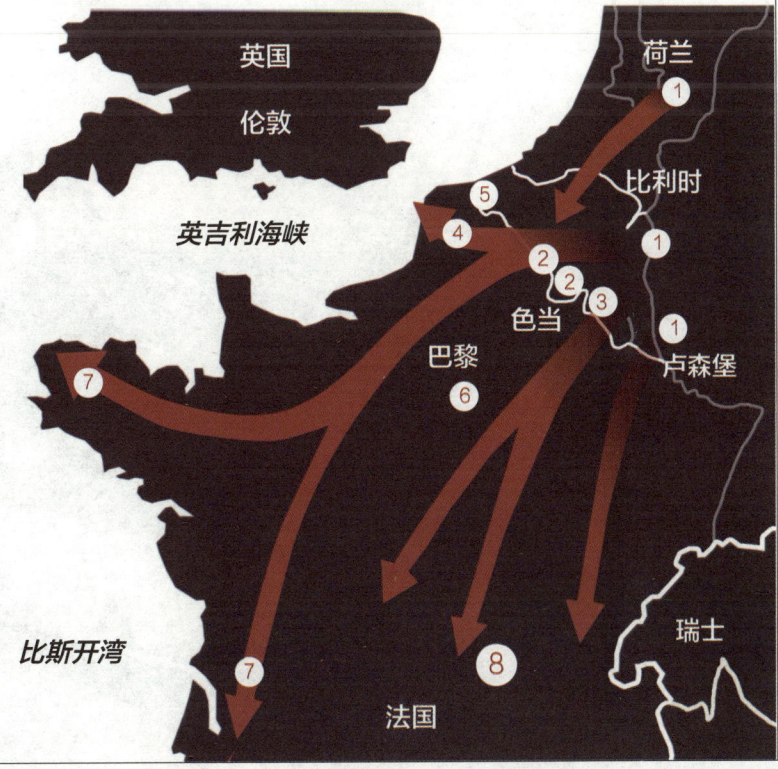

# 希特勒的英国之战

1940年夏天,英国皇家空军在空中作战中破灭了希特勒入侵英国的计划,这也标志着纳粹德国首次战败。

1940年6月，英国只能靠自己把握欧洲的命运了。所幸，希特勒在制订计划压制波兰和挪威，横扫荷兰、比利时、卢森堡三国和法国时，并没有想入侵英国。事实上，希特勒从没想过能以那么快的速度轻取法国，这出乎了他的意料。

鉴于法国已成希特勒的囊中之物，他觉得许多西方强国都会和德国签署停战协议，但英国誓不低头。虽然在法国之战中，英国远征军被德军压制，但并没有因此被打倒。相反，尽管死伤惨重，大量装备只能遗弃在法国，但远征军仍成功撤退。

有人认为希特勒在这时没有展现出足够的积极性，这可能显示出他并无真正入侵英国的意图。当然，有证据显示，希特勒更希望英国直接投降，而不是与其开战。这样才能将力量用于解决他真正的目标——向东部扩张。

不过，这种拖延是可以理解的。希特勒要等战场上的法国军队全部被遏制，同时还要找到适合发动攻击的基地。毕竟，在闪击战中，大部分法国和比利时的海港都被破坏了。此外，尽管在"二战"结束时，水陆两栖入侵的策略得到了军事专家的高度认可，但在1940年，这仍然是一个新生概念。需要安排的事情是非常多的。

不过，1940年7月16日，希特勒做了决定，发布了第十六号元首令，称"做好登陆英国准备"。这次行动代号为"海狮"，准备工作计划于8月中旬完成——尽管由于不同部队之间争吵不断，行动最终于9月15日才正式开始。

▲ 超级马林喷火战斗机和Me-109战斗机的实力不相上下

**有人认为希特勒在这时没有展现出足够的积极性，这可能显示出他并无真正入侵英国的意图。当然，有证据显示，希特勒更希望英国直接投降，而不是与其开战。**

# 入侵计划：海狮行动

在最初的"海狮行动"计划中，德军将分3组攻入英国。第一组抵达拉姆斯盖特和多佛之间的陆地；第二组抵达多佛和怀特岛之间的地带；第三组抵达西边的多佛和莱姆湾之间的地带。在这个版本的计划中，第三集团军的第六军将从瑟堡半岛发射弹药攻击莱姆湾，确保在攻进内陆前打下足够的前线，然后再攻入伦敦（见下图）。但海军反对把阵线设得这么长，认为没有足够的船只来保护军队侧翼，于是行动计划转为在夏天进行。不过，计划中没有改变的是对东南部集中攻击。在法国之战取得成功后，第一集团军将领导对英国的入侵。

在最终计划中，第十六军的6个师从鹿特丹、奥斯坦德、安特卫普、敦刻尔克和加莱出发，在分散前于福克斯通地区附近着陆，并在哈德斯洛和坎特伯雷之间占领桥头堡。与此同时，来自勒阿弗尔第九军的3个师将在库克米尔到布莱顿之间占领阵地，向内陆挺进并扩建桥头堡。伞兵将降落在多佛以北。

步兵分4批登陆；第一批5万人将在两小时内登陆，剩下的（7.5万人）将在两小时后跟进。每隔4天，还会有另外两个师登陆，这样4个星期内就会有16个师参与行动。另外9个师——第三批和第四批——将在6周内登陆。

▲ 希特勒的海狮计划经过了几次修改

▲ 德国亨克尔He-111轰炸机可装载1500千克炸药,可多次飞往英国南部发动攻击

▲ 赫尔曼·戈林在成为德国空军指挥官之前,是第一次世界大战的王牌飞行员

陆军和海军之间开展了大量讨论,比如,鉴于德国没有足够的水陆两栖登陆艇,那么可能需要将渡河驳船换成渡海驳船。不过在开这些讨论会时,赫尔曼·戈林和其他空军将领没有出席,这也引起了人们的关注。不过,海陆空三军都同意的一点是,只有德国空军在空中取得控制权后,陆地进攻才能开始。

8月1日,希特勒宣布征战英国皇家空军。他说:"德国空军将用一切手段以一切方式战胜英国空军。"希特勒的这番话宣告对英国之战正式开始。这场战争将成为一场具有革命性的冲突,也是世界上从未出现过的战争形式。一方面,由于战机在法国之战中发挥了重要作用,德国空军的优越性正好可以支持国防军作战,而国防军中的陆军才是真正的胜利保障。另一方面,英国之战也显示出,飞机第一次如此抢手,因为它能在不动用陆军的情况下就简单地摧毁敌人的意志和抵抗能力。德国空军的胜利可以避免英国发动轰炸,也为德国空军提供了击败英国最大军事资产——英国皇家海军的机会。

事实上,虽然希特勒令德国空军加强对英国的攻击,但他也心怀这样的幻想:在空中被击败后,英国会温顺地来求和。他也希望,"海狮行动"永远不要完成。随着"海狮行动"进行,这场行动可以停滞,但这取决于英军而不是德国空军是否胜利。

英国皇家空军战斗机总指挥能够召集469架飓风战斗机和283架喷火战斗机,还有100架老款无畏式战斗机和布伦海姆轰炸机。

战争伊始,戈林相信德国会快速取胜。他压根没看上英国皇家空军,他计划用4天完成从格洛斯特到伦敦以南一线的攻击。他预计在短短4周内取得完全胜利。戈林没有制订任何有组织的计划,在整个战争中,纯粹是即兴作战。现在,有些人会认为他的信心完全是不合时宜的。

首先,他低估了英国优秀的防空系统,那是当时世界上最好的防空系统。从威尔士西部海岸开始,52个雷达站一直延伸到设得兰群岛。这些雷达站在英国之战中发挥了关键作用。有了这些预警,英国皇家空军可大量减少常备巡逻人员,而且节省燃料,保证飞行员的安全。空军中队只需要在应对特定威胁时集合。

此外,英国皇家空军是在本土作战,这就给了飓风战斗机和超级马林喷火战斗机机会。与此同时,德国空军放弃了在欧洲大陆占据的基地,只能即兴作战。德国派出了先遣战斗机梅塞施密特Bf-109E战斗机,在海峡两岸出动。

在空战之后,英国皇家空军可以修复受损的飞机,治疗受伤的飞行员。而德军尽管在海峡周围拥有高效的修复系统,但却没能及时修复飞机,治疗受伤的飞行员。但在装备数量上,占优势的显然还是德军。

1940年7月,戈林将军召集了900架单引擎Me-109战斗机和280架双引擎Me-110战斗机。虽然Me-110战斗机很强大,但容易被更灵活的喷火战斗机和飓风战斗机压制。德军还可以召集约950架可用的轰炸机。无论是速度慢但

▲ 英国喷火战斗机接近德国形似铅笔的多尼尔Do-17战机

▲ 英国战斗机指挥部上将休·道丁强烈反对将英国资源派到法国之战中

稳定的亨克尔He-111中型轰炸机、形似铅笔的多尼尔Do-17战机,还是更新、更快的容克斯Ju-88战机都可以使用。德军还有340架容克斯Ju-87战机可用,还有在征服欧洲期间威力无穷的斯图卡轰炸机。不过斯图卡轰炸机的射程较短,在应对英国皇家空军大量灵活的战斗机时稍显费力。

同时,英国皇家空军战斗机总指挥能够召集469架飓风战斗机和283架喷火战斗机,还有100架老款无畏式战斗机和布伦海姆轰炸机。只不过无畏式战斗机和布伦海姆轰炸机同飓风战斗机和喷火战斗机相比,战斗力差了不少。

德国空军除在装备数量上占据优势外,还有更有经验的飞行员。这些飞行员曾在西班牙内战中作战,而后也曾参加过在波兰、挪威和西欧进行的闪击战。作为侵略者,德国空军可以选择自己的目标。

1940年夏天,唯一阻拦希特勒征服西部的就是英国皇家空军的750架战斗机和英国能力超群的空军将领们。其中最出名的是空军元帅休·道丁(Hugh Dowding),战斗机指挥部总指挥。他和空军副元帅基斯·帕克(Keith Park)指挥非常重要的第十一中队,负责围守伦敦和东南部的4支重要队伍之一。他们对英国皇家空军取得胜利是至关重要的。比如,尽管官方并未同意,但他们决定不让战斗机大批成群作战。最后证明,这是一个非常妙的策略。

而他们的敌人戈林将军,则并不这么优秀,虽然他自认为自己很优秀。他自命不凡,在"一战"中是一个敢冲敢拼的王牌飞行员。但现在的戈林更像一个贵族政治家,而不是空军战士。他严重高估了德国空军的能力,低估了英国皇家空军的实力。

实际上,英国之战是一场战役而不是一场战争,是自1940年6月开始,德国空军进攻英国的一部分,后逐渐发展成为伦敦人所称的"伦敦闪电战"。这次伦敦闪电战一直进行到次年5月,彼时的德国空军被召回支援东线战场。如今,许多历史学家将英国之战分成5个阶段。

第一阶段是海峡战,从7月10日持续到8月中旬,包括一系列小型空袭。虽然这一阶段的战争占据了英国3万吨运力,使德国空军在白天暂时占据了多佛海峡的控制权,但德国损失的飞机数量是英国的两倍。而且重要的是,这些小型的空战使相对缺乏经验的英国皇家空军飞行员获得了初步经验,于是在第二阶段战争中,8月13日"鹰日"(Adlertag)开始后,很多飞行员都更有信心了。

在"鹰日"的前一天,德国空军在海岸南部攻击了主要飞机场和雷达站,击垮了位于怀特岛文特诺的雷达站。当天的攻击使德国损失了31架飞机,使英国皇家空军损失了22架飞机。

8月13日,戈林发动了"鹰日"行动,希望摧毁英国皇家空军战斗机指挥部,不过最后他的愿望落空了。德军没有对雷达站重复攻击,而是重点轰炸

▲ 1940年9月的第19中队编号X4474的喷火战斗机Mk I

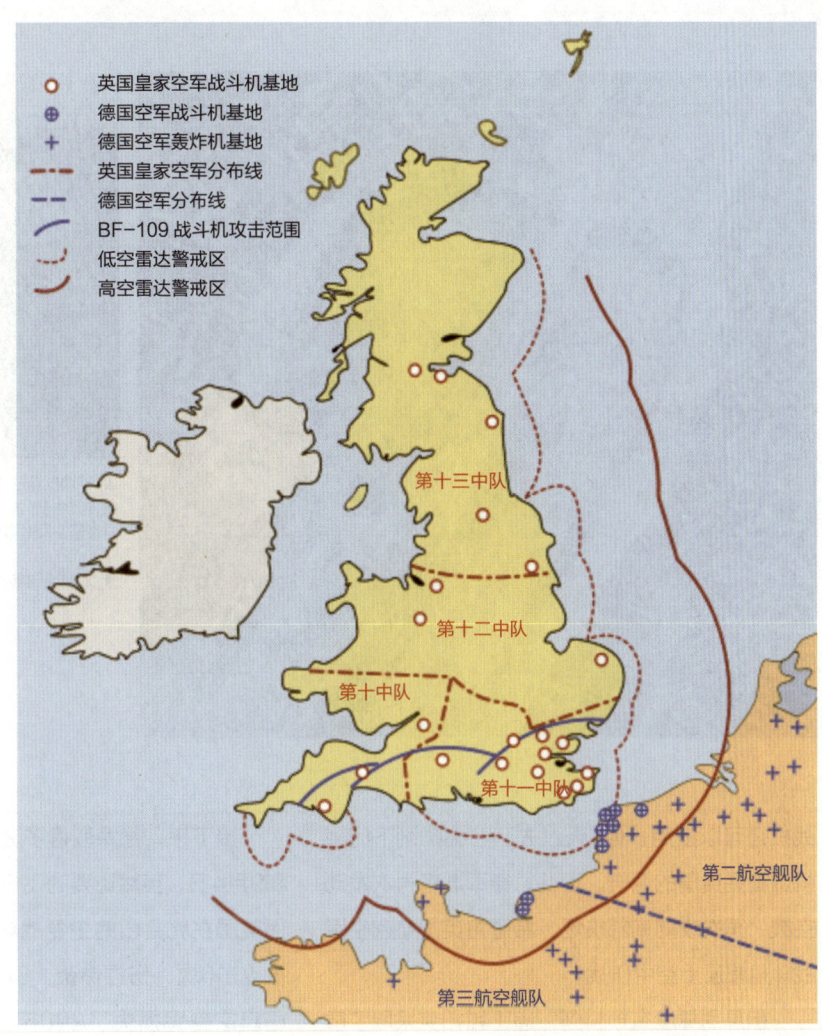

▶ 英国之战时,英国皇家空军战斗机指挥部的4支队伍和德国空军的三大航空舰队分布;德军第五航空舰队从斯堪的纳维亚启程

了安多弗、伊斯特彻奇和安德灵小型机场,投入了大量资源,错误地认为上述3地是英国空军战斗机基地。德军成功轰炸了布罗米奇城堡的喷火战斗机工厂。到当天结束时,德军损失了45架战斗机,而英国空军指挥部则只损失了13架。

8月15日,德国发动了整个战役中最为集中的一次轰炸——1786架次战斗机发动了7次重大袭击。这也是唯一一次德国3个舰队,或称航空舰队(Luftflotten)中的所有梅塞施密特战斗机全部进行战斗的行动——分别在法国外进行战斗(第三航空舰队),在低地国家进行战斗(第二航空舰队),在德国控制的斯堪的纳维亚半岛进行战斗(第五航空舰队)。

最后的结果是英国取得了重大胜利。不仅德国空军损失超过了英国皇家空军——德军74架、英军34架,而且第五航空舰队遭受了严重打击,德国空军再没有在白天对英格兰北部发动进一步袭击。戈林原本以为道丁不会对北部设防,便将德军战斗机集中在东南部,但是德国轰炸机在北部遭遇严重阻力。也正是在这场战斗中,德军发现,射距长但笨重的梅塞施密特Bf-110战斗机根本打不过英军灵活的飓风战斗机和喷火战斗机。

拥有大无畏精神的德国空军在第二天又发动了另一次攻击,试图摧毁英军皇家空军战斗机指挥部。德军出动1700架次战斗机,损失了45架,再次证明战斗代价的高昂,而英国皇家空军仅损失了21架。戈林计划用4天时间瓦解英军的抵抗。而情报方面的工作并不到位,这使他相信英国皇家空军处于崩溃的边缘,可能仅剩300架

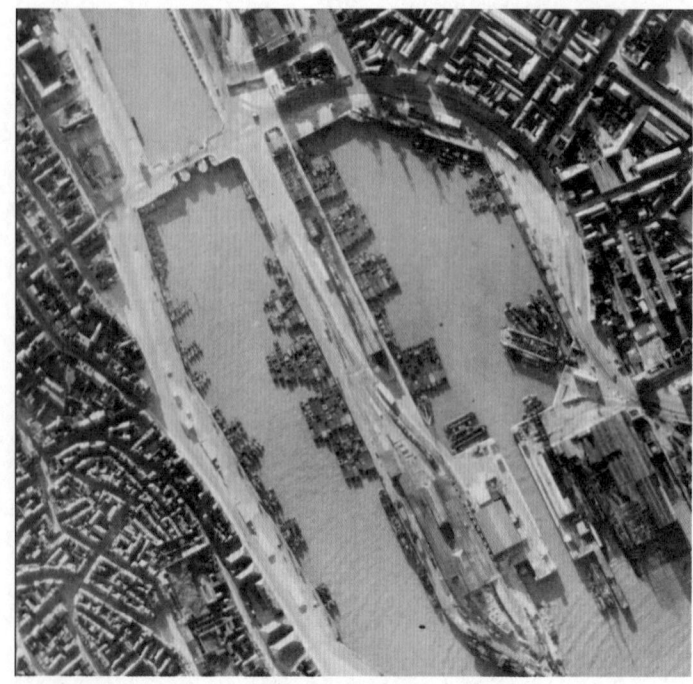

▲ 不同国籍的士兵加入英国皇家空军并肩作战，其中5%的飞行员是波兰人。据说，他们为德国空军战败做出了15%的贡献

◀ 入侵英国前，德军驳船在法国布洛涅等候

战机还可以使用。但4天过去了，德国剩下的战机数量是英国的两倍。因此，德军准备再次发动空袭，再次攻向南部机场，希望将英国皇家空军战斗机都逼上空中作战。

但是戈林没有预料到，道丁和帕克采取了敏锐的应对策略。尽管德国空军付出了巨大努力，但英国皇家空军在大多数情况下都在避免与梅塞施密特Bf-109战斗机碰面，而是集中精力应对轰炸机的袭击。这意味着德国战斗机适合护送和支援，而不适合它们本来应该做的工作，即攻击性扫荡。8月18日，德国空军再次遭受重大伤亡——损失了71架战斗机，而英国则只损失了27架。于是，戈林改变了战略方向。

鉴于斯图卡轰炸机极易受到英军战斗机的攻击，戈林把斯图卡轰炸机从战场上撤出。戈林决定集中攻击英军战斗机指挥部飞机场，希望英军战斗机倾巢而出。这是一个冒险的策略，因为德国空军需要进一步向内陆飞行。但在8月24日，战争的第三阶段开始时，德军摧毁了位于曼斯顿的第十一中队机场，取得了胜利。而同时，英军在北威尔德的基地也受到了打击。

接下来，德军取得了进一步成功。8月30日和9月4日，英军重要的飞机生产工厂受到重创，而英国在比金山的主要战斗机基地在短短3天内被攻击6次，伤亡惨重。8月24日至9月6日，英国皇家空军损失了290架战斗机，德军损失了380架，但其中只有一半是战斗机。德国空军终于开始占了上风。

在这个关键时刻，英国皇家空军已濒临崩溃，而德军再一次更改了作战战略。在这场战役的倒数第二阶段，德军的行动方式是毁灭性的。希特勒再次延后"海狮计划"到9月21日。但如果想要在这一天进行攻击，那么德军需要先放下对英军战斗机指挥部的攻击，这样德国空军才能击垮英国皇家海军。

因此，德国决定空袭伦敦，希望能让更多的战斗机在空中作战，也顺便在入侵之前击垮英国人民的意志，破坏政府公信力。希特勒下令轰炸伦敦也出于对英国轰炸柏林的报复，而戈林曾向希特勒保证，英军轰炸柏林是不可能发生的。

9月7日，随着伦敦之战的开始，英国之战达到了高潮。下午晚些时候，德军600架战斗机护送着300架轰炸机,对伦敦码头区实施了空袭,把英军战斗机指挥部打了个措手不及。肆虐的火光成为当晚继续加大攻击力度的信号,但恶劣的作战条件意味着,德军无法像希特勒希望的那样加大攻击频次。但在9月9日、11日和14日,德军依旧派遣战斗机,加大攻击力度,其中,14日的攻击破坏性极强。

不过,希特勒开始不耐烦了。英国皇家空军战斗机指挥部已经开始攻击德军的驳船,希特勒知道,"海狮计划"所剩时间不多。他决定将"海狮计划"推迟到9月17日。9月15日,当一次重大空袭失败后,希特勒硬着头皮启动了计划。德军的一支大型轰炸机舰队被约250架英国战斗机拦截,造成巨大损失。当第二波攻击发动时,英国皇家空军又击落了德军60架飞机。尽管戈林坚称,英军战斗机指挥部已快被击垮,但9月17日,希特勒还是无限期推迟了"海狮计划"。两天后,入侵舰队受命解散。

"海狮计划"的取消并没有结束英国之战。相反,此时第五个,也是战役最后一个阶段打响。整个10月,德国空军一直在晚间轰炸伦敦,尽管轰炸强度不及伦敦之战的强度。到月底,很显然,德国空军输掉了英国之战。

双方差距并不大,英军险胜。在8月和9月的关键时期,英军战斗机指挥部损失了832架战斗机,德国空军损失668架;而德军损失的600架轰炸机使英国皇家空军占据了一定优势。由于戈林决策混乱、英军雷达作用显著及英军飞行员和指挥官卓越的能力,德国空军失败了。同时,英国生产的飞机数量远远超过德国。1940年6月至9月,德国空军平均每月仅接手190架梅塞施密特Bf-109战斗机,而英军战斗机指挥部则接手470架飓风战斗机和喷火战斗机。

纳粹德国遭遇了第一次失败。1941年6月,希特勒向苏联发动巴巴罗萨行动计划。而当时的

## 喷火战斗机和飓风战斗机VS梅塞施密特Me-109战斗机

虽然喷火战斗机速度更快、更精密、更易操控,但飓风战斗机是英国皇家空军拥有的数量最多的单引擎战斗机。两款战斗机都使用劳斯莱斯的梅林发动机,且每个战斗机上都有从4挺机枪改成装有8挺机枪的重火力。飓风战斗机的材料——布料和木材——使它比喷火战斗机更难以击落,而且作为炮台也更稳定。两款战斗机的射程都相对较短,大约800千米。不过由于是在捍卫自己的领土,射程短并不是英国之战中的重大缺陷。

唯一参与战斗的单引擎德国战斗机是梅塞施密特Me/Bf-109E,其最高时速约为560千米,飞行高度3800米,与喷火式战斗机相当,但比飓风战斗机速度快48千米/小时。Me-109战斗机有一个狭窄的起落架,很难飞行,虽然它的发动机是燃油喷射式的。这意味着Me-109在发动机失灵的情况下也可以比英国的战斗机更快爬升和潜水。Me-109机翼内部装有两门20毫米口径的大炮,机头上装有两挺7.92毫米口径的机枪,比英国战斗机机枪火力更强,但对射击准度要求更高。Me-109只有640千米的射程,这使它的战斗窗口期不长。而飓风战斗机和喷火战斗机都可以轻松地把Me-109击翻,这也使英军战斗机指挥部在空战中占据了关键优势。

▲ 飓风战斗机最高可飞至10300米

苏联在后方设置了越来越强大的机械装置,也将自己作为美国支援的中转站。当然,英国独自作战胜利也成为最终压倒希特勒的关键稻草。

# 隆美尔的非洲军团

这支广受赞誉的德国军队是极少没有残暴待人的军队。在希特勒的"沙漠之狐"管理下，士兵们的生活是什么样的呢？

这张宣传照拍摄于1943年2月，几个月后，非洲军团投降

左上：战斗中队在休息。英国特种空勤团和沙漠突击队在沙漠作战时都没用过帐篷
左下：1942年夏天，隆美尔（右二）在检阅士兵
右上：两名非洲军团士兵驾驶班谭吉普车
右下：施耐德回忆，虽然非洲军团很喜欢自己的帽子，但他们很羡慕英国第八军团轻便的军装

**隆美尔被称为"沙漠之狐"。他的机智、无所畏惧、和士兵同甘共苦的精神使他在非洲军团极受爱戴。**

1941年2月6日,埃尔温·隆美尔好不容易空闲几分钟时,想给妻子写封家书。他和露西结婚快25年了。这位德国最勇敢的将军喜欢将自己身边的事及时和妻子分享。"形势变化很快",隆美尔提及自己在当天早些时候见过阿道夫·希特勒。他继续写道:"我只能随身携带最需要的一些东西,可能不久后我可以把其他东西也带上。我想向你描述我现在有多头疼了,我的头脑里全是未来要去做的事情。"在信的结尾,隆美尔哀叹,他本就短暂的探亲假不得不提前结束。"不要难过,"他写道,"新的任务很大也很重要。"

在接下来的几天里,隆美尔一直在准备和计划他的"新任务",他没有其他的选择。希特勒任命他为新成立的非洲军团指挥官。1940年12月,英军在北非战胜了意军,而成立非洲军团就是为了直接迎战英军。

当隆美尔的飞机于2月12日降落在的黎波里时,他决心将英军赶出北非。第一批德国部队开始抵达的黎波里港口时,他坚持让士兵在最短的时间内卸载这艘6000吨级的运输舰船,这样就可以尽快让士兵冲到前线。"士兵在第二天早上就收到了他们的热带军装包,"隆美尔写道,"他们展现出完全胜利的姿态,也没有在意的黎波里环境的不同。"

非洲军团的第一批士兵在距离萨克森州北部数千千米的的黎波里下船。一个月后,一名18岁的应征者参加了为期16周的基本步兵训练。鲁道夫·施耐德(Rudolf Schneider)来自施陶希茨,一个农田平坦的村庄,村庄位于莱比锡和德累斯顿之间。施耐德在战争爆发前曾在大学学习农学专业。

步兵训练完成后,施耐德于1942年年初被派往北非加入非洲军团。"到达利比亚时,我接受了一次访问,"施耐德回忆,"他们把我送到战斗中队,是隆美尔将军手下一个近400人的作战部队,由鲁道夫·基尔(Rudolph Kiehl)指挥。"

基尔曾在1939年服役于阿道夫·希特勒的护卫队——元首护卫旅,而战斗中队是隆美尔将军在北非的类似保护组织。

"我入选战斗中队是因为我非常了解英国和美国车辆,"施耐德说,"作为教育的一部分,我学过怎样开英国和美国的拖拉机和卡车,而且我还会说英语,这也给我加入战斗中队加了分。"

施耐德抵达利比亚时,隆美尔正在为部队的供应问题焦头烂额。1942年3月,非洲军团收到18000吨物资,比在北非预期获胜所需的量少了42000吨。他还接受了几千名额外的士兵作为德军3个师的候补力量。但其他的增援要求都被拒绝了,因为德国当时的作战重点在东部阵线。

在非洲军团抵达利比亚和施耐德被派驻到北非这一年里,沙漠战争历经了一系列激烈而又血腥的战斗,而任一方都无法彻底击败另一方。隆美尔打赢了几场战役,如2月的一次进攻,使同盟军队重新回到防御地带,从贾扎拉向南延伸到比尔哈凯姆。我们熟知的贾扎拉防线在几个月前被非洲军团占领。不过,1941年11月至12月,英国的一次进攻又驱逐了非洲军团。

# 非洲军团的装备

在沙漠战争中,车辆是一个重要因素。虽然装甲车威力巨大,但由于供应短缺,非洲军团不得不经常即兴作战。

▶ F型三号坦克,在1942年6月的加查拉行动中穿越整个沙漠西部,立下了功劳

## 三号坦克

在非洲战争期间,非洲军团大多数时候使用的都是二号坦克和三号坦克,直到1942年才投入使用更先进的虎式重型坦克。三号坦克由戴姆勒-奔驰公司沿用20世纪30年代末期的坦克模型设计而成,装有50毫米口径火炮和两挺7.92毫米口径机枪,装甲更厚重。这些特点使三号坦克比同盟军的坦克性能更好。直到1942年秋,谢尔曼中型坦克出现,才打破了三号坦克的领先地位。三号坦克的另一优势是可乘坐5人。这是一种有着完备通信系统和3个炮塔的坦克。

1942年英国特种空勤团开始在沙漠使用吉普车。对非洲军团而言，吉普车的作用显著，而非洲军团只要缴获了美国军备，都会非常积极地使用。

## 威利斯班谭吉普车

1942年英国特种空勤团开始在沙漠使用吉普车。对非洲军团而言，吉普车的作用显著，而非洲军团只要缴获了美国军备，都会非常积极地使用。这种吉普车配备重机枪支架，一箱油的有效载荷为270千克，最远路程约为400千米。

▲ 鲁道夫·施耐德在挖沙，想把陷进沙里的威利斯吉普开出来

## 特种车辆 222 型侦察车

特种车辆222是一种装甲侦察车，它的武器是在开放式炮塔中装备的20毫米口径加农炮和机枪。这款车性能优越，十分高效。凭借后置式90马力液冷式发动机，该型车的行驶速度可达每小时69千米。特种车辆222也因其优良的耐用性而闻名。

▶ 特种车辆222因油缸容量小，不得不携带好几个油罐，遭到人们批评

▲ 两名战斗中队队员站在缴获的沙漠突击队无线电卡车上。左边士兵在试着研究维克斯K机枪

这是沙漠战争的特征,这是一场在利比亚不断反复的战争。其中,装备至关重要。在1940年入侵法国期间,隆美尔曾作为第七装甲师的指挥官展示了他指挥装甲战的才能。但在利比亚,他很快意识到,大规模的坦克战是徒劳无用的。相反,他将88毫米口径高射炮用作反坦克炮,摧毁敌人的武装,然后再派装甲兵破坏暴露的火炮和步兵。

隆美尔(1942年6月晋升为陆军元帅)因其大胆而很快成为传奇人物。人们把隆美尔称为"沙漠之狐"。他的机智、无所畏惧、和士兵同甘共苦的精神使他在非洲军团极受爱戴。他不是一个博爱的指挥官,而是一个简单粗暴的人,但这激发了士兵们的信心。

被选为隆美尔的司机之一时,鲁道夫·施耐德很快就了解了他的指挥官是个什么样的人。"我开车送他时,他很少说话,这显然让我非常害怕。"施耐德说道,"我只是一名开车载过将军的年轻士兵。他不是一个爱闲聊的人,不和我或任何人聊天。如果他问了问题,他想要的是简短而准确的答案。如果你谈得太久,他会让你闭嘴。"

"我不是说他傲慢,但作为指挥官,他过于自信。他根本不问其他高级军官的意见,他对自己的决定十分自信……有些德国军官不喜欢隆美尔。"

施耐德还这样评价他的指挥官:"……是一个直接而正确的官员……他什么都不怕,士兵们都很尊敬他。"

北非战场被人们认为是"二战"中唯一"清洁"的战场,而这得益于隆美尔的正直。而另一个原因是非洲军团中没有党卫军或盖世太保。"我在非洲军团服役的那段时间里从未见过任何纳粹分子,"施耐德回忆,"在战斗中队,我们的行为必须规范。有一次，在布埃拉布（利比亚西部的一个小镇），一个德国士兵，不是我们队的，强奸了当地的一名妇女。隆美尔让人枪毙了这个士兵，而这个狙击手是我们队的——我们队总共有12人，但只有6人的步枪有实弹。"

在加入战斗中队后不久，施耐德开始见识到隆美尔的"正确性"。施耐德驾车载着隆美尔去检查一些坦克的位置。施耐德提醒指挥官有车在靠近。在这辆车接近时，他们透过沙尘看到，那是一辆英军的救护车。"我正在巡逻，不小心将救护车开到了德国坦克的位置。"第七装甲连的亚历克斯·弗兰克斯（Alex Franks）回忆，

"我吓坏了。"

施耐德估计，大约有20名战斗中队成员及隆美尔都会说英语。他们命令弗兰克斯下车。"他出来的时候有20支步枪指着他，而隆美尔说'立正站好，你面前是一个德国将军'。"施耐德回忆，"然后隆美尔问他从哪里来。弗兰克斯说他是一名迷路的救护车司机。隆美尔问他是否有指南针，弗兰克斯说没有。"经搜查，救护车上没有武器。隆美尔随后问弗兰克斯要去哪里。他说他要去的是一家医院，但他早就开离了平时的熟路。"隆美尔为他指出了正确的方向，然后亚历克斯就走了。"施罗德回忆。弗兰克斯在战

## 战斗中队的生活

战斗中队是由隆美尔手下的400位士兵组成的精锐战斗力量。鲁道夫·施耐德是这个中队最后的幸存者。他的职责是保护"沙漠之狐"。

鲁道夫·施耐德于1923年4月出生于德国东部农村，20世纪30年代被位于维岑豪森的德国热带和亚热带农业研究所录取。他的梦想是在非洲西南部（今纳米比亚）耕田。但1941年，也就是在他18岁生日后不久，施耐德被征召入伍。他在德累斯顿接受了基本训练，然后于1942年年初被送往北非加入新成立的非洲军团。在到达利比亚后，由于了解英国和美国的车辆——施耐德在大学期间学习过相关知识——这是非常有价值的特长，于是他被选中加入战斗中队，这是一个由近400名士兵组成的隆美尔侦察/保镖部队。"我是隆美尔的司机之一，"施耐德说，"我被选中是因为我懂英语，可以操作敌军的设备。我也可以很好地记住地形，这在沙漠中非常重要。我们会长途跋涉，出现在我们眼前的永远是石头和沙子。"施耐德于1943年5月被捕，并被送往美国，在得克萨斯州斯威夫特营地作为囚犯被关押至战争结束。作为战囚，他大部分时间都在摘棉花，每小时可挣5分钱。战争结束后，施耐德被遣返欧洲。但英军发现他曾是隆美尔战斗中队的成员，于是在他的船抵达利物浦时将他拘留。施耐德又在斯塔福德郡当了3年农场工人。1948年，施耐德回到了民主德国，迎娶了一直在等待他的女朋友——两人是青梅竹马。

▲ 1943年年初，突尼斯。施耐德（右）和战友找到了新鲜的羚羊肉

**在到达利比亚后，由于了解英国和美国的车辆，他被选中加入战斗中队，这是非常有价值的特长。**

**1941年年初,德意双方达成了协议,意军会向非洲军团提供口粮。而实际上,意军也确实为德军提供了口粮,但他们提供的东西根本无法食用。**

▲ 非洲军团的M40钢盔。为应对当地炎热的环境,头盔上设有通风孔

争中幸存。2009年,弗兰克斯与施耐德又见了一次。

隆美尔准备对加查拉防线上的英军阵地发起进攻。他检查坦克位置,为进攻做准备。此次进攻的目标是夺取利比亚港口的托布鲁克。在起伏不定的沙漠之战中,托布鲁克一直处在同盟军的控制下,十分难攻克。

1942年5月26日,进攻开始。英国和南非军队控制加查拉防线,意大利步兵对英国和南非军队开始正面攻击。自1941年2月抵达利比亚以来,隆美尔一直对他的拉丁盟友不怎么看好。几周之内,他的副官施莱普勒少校就在向隆美尔的妻子写的信中抱怨意大利人:"他们要么不全站出来,要么站出来后也会在第一声枪响后跑掉。"他解释:"如果英国人出现,这些意大利人会马上举手投降。"

施耐德不这么看待德国的盟友。"意大利士兵是很好的士兵,但待遇很差,"他补充道,"意大利军官吃的是很好的食物,而士兵吃得很差。整体而言,军官生活条件更好。而在非洲军团,军官和士兵吃的一样,生活待遇也一样。"

德军和意军之间存在不满情绪的一个根源是口粮。施耐德回忆:"意大利官员不喜欢隆美尔,因为……他对意军不太信任。"德国指挥官及其手下都对意军反感,所有人都指责意大利指挥官,因为意军口粮太差。1941年年初,德意双方达成了协议，意军会向非洲军团提供口粮。而实际上，意军也确实为德军提供了口粮，但他们提供的东西根本无法食用。"这是我们不相信意军的原因之一，他们没有遵守（关于口粮的）承诺，"施耐德解释，"他们有很多新鲜的橘子，而我们什么都没有。"

不过，非洲军团收到了腌制肉类的罐头，上面印有字母"AM"，代表"军事管理"（Administrazione Militare），但意大利士兵和德国士兵更倾向认为这指的是"墨索里尼的屁股"（Asinus Mussolini）。令德军抱怨不迭的还有意大利提供的黑面包太硬了。

然而，尽管对口粮感到不满，非洲军团却凭着特有的坚毅品格吃下了他们收到的食物。这是非洲军团的特点之一，也是德国士兵在训练中培养出的一种纪律和情结——以国家社会主义的无阶级性为基础。

施耐德认同这一点："战斗中队的人来自不同地方：萨克森、巴伐利亚、普鲁士，隆美尔则是来自德国西南的斯瓦比亚。没有一个地区在军队里占主导地位，我们也没有派别。大家都很和睦。"

德国的军事训练始终强调以团队为基础，要求士兵在整个军队中要相互依赖、随时可替代别人。这样的灵活性使步兵、坦克兵、炮兵和工程师都对彼此有着天然的信任，也使德国士兵拥有英国士兵所缺乏的信心和适应能力。

非洲军团训练的范围很广，但不允许军官走出训练框架外。相比之下，英国军官比德国军官更具创新性、更有想象力。其中两个典型代表分

▼ 这张德军宣传照展示了高度武装的非洲军团巡逻队。请注意引擎盖上的蝎子图案

▼ 在非洲,飞扬的尘土和沙尘暴常常出现,于是有些士兵对面部进行了层层防护

别是英国特别空勤团（SAS）的创始人大卫·史特林（David Stirling）和1940年6月组建沙漠突击队（LRDG）的拉尔夫·巴格诺德（Ralph Bagnold）。

在军事方面，隆美尔有充分的理由解释为什么从未组建特别部队来与英国特别空勤团和沙漠突击队抗衡，这个理由就是德军的燃料有限，而英国军事设施不那么偏远，保护得也更好。不过，更主要的原因是德军的军事思想的基础是组织而非创新。"确实，我们没有英国人那种主动意识，"施耐德说，"我们受训练要成为一个团队来战斗和思考，而不是个人作战。"

此外，非洲军团比沙漠突击队对沙漠更加警惕。拉尔夫·巴格诺德在20世纪20年代是一位杰出的沙漠探险家，其他几个沙漠突击队官员也有类似背景。他们了解并尊重当地的环境，这使他们很有信心能够穿过沙漠中心——重要的是这不是过分的自负。而非洲军团更喜欢靠近沿海地区。"我们知道沙漠突击队位于绿洲周围，但我们得到的命令是要保持距离，"施耐德回忆，"我们不喜欢往沙漠里走得太远，因为如果我们受了伤，没有人会来帮助我们。我们偶尔会看到沙漠突击队的巡逻队，但我们接到的指示是不去追踪他们。"

不过，1942年5月26日，轴心国发动了反击。隆美尔带领非洲军团向南攻进沙漠，而意军攻向加查拉防线。实际上，这位德国指挥官向同盟军打了一计右钩拳，扫荡法国驻扎在比哈希姆的军队，并攻击了加查拉防线后的英军。"我们开车前往比尔哈凯姆以南，然后从东边来到加查拉防线，"施耐德回忆，"他（隆美尔）说我们会从后方突破这道防线。白天我们按兵不动，因为英国皇家空军控制了上空，所以我们只在晚上开车……隆美尔带领我们前进。他研究了路线。我们也不知道要去哪里。他命令我们跟着他。"

轴心国和同盟国军队激战了3天。法国军团第一旅在比尔哈凯姆负隅抵抗。5月28日，隆美尔回忆："……英军坦克向我的指挥部开炮，指挥部离战斗中队和我们的车辆很近。我们身边到处都是流弹，指挥部的挡风玻璃被震成了碎片。"

施耐德的手和肚子受了伤，不过大部分都是皮肉伤，不影响他继续作战。但是英军一直在顽强抵抗，这使隆美尔不得不命令他的非洲军团撤退，形成名为"大锅"的防御阵地。英军继续挺进，认为已经胜券在握，但尽管非洲军团在4天的战斗中损失了大约200辆坦克，却凭着88毫米口径反坦克炮与英军抗衡，给英军装甲部队造成了沉重打击。6月10日，比尔哈凯姆陷落。3天后，英军装甲部队在"黑色星期六"中战败。

英国第八军团从加查拉防线撤退，一路撤回到阿拉曼，这次行动名为"加查拉疾驰"。6月21日，德军最终拿下托布鲁克，俘虏了约3.5万名英国和英联邦军队士兵。施耐德记得托布鲁克的陷落非常"精彩"——不是因为战斗胜利而是因为得到了英国的口粮。"好几个月，我们一直在吃坚硬的黑面包和难吃的意大利口粮。突然间，我们发现了新鲜的水果和蔬菜，甚至还有草莓酱。"

同他们的敌人相比，对非洲军团而言，北非的生活无疑更加艰难。同盟军供应充足，并且能够在较发达的城市中休息和调养，还可以吃到很好的食物，这都是德军梦寐以求的。"与占领亚历山大和开罗的英军不同，那里到处都是餐馆、酒吧和其他休闲的地方，而我们没有占领这样的城市，"施耐德讲道，"所以是不可能有机会逃离战场几天的。"即使在少数几个被德军控制的城镇，如班加西和埃尔阿吉拉，"……根据隆美尔的命令，禁止进入有意大利士兵所在的餐馆。如果不服从隆美尔，将受到惩罚"。

◀ 1942年12月，在突尼斯，一名步兵站在被炸毁的M3李中型坦克前

除了草莓酱之外，托布鲁克之战还给德军带来了其他战利品。"我们在现场缴获了枪支和坦克——玛蒂尔达坦克及一些斯图亚特型坦克——还有一些指挥车，"施耐德说，"我们也开始使用这些战利品，但我们更喜欢用我们自己的98k卡宾枪和MP40（施迈瑟），它们都是很好的武器。"到1942年夏天，在非洲军团使用的运输车辆中，85%是由英国和美国制造的。

意大利工程师、少校保罗·卡恰·多米尼安尼（Paolo Caccia-Dominioni）在他的沙漠战争回忆录《阿拉曼》中写道："隆美尔的战斗中队指挥官基尔为士兵们发明了一项新式娱乐运动：高大的德国军人穿着英国卡其布制服，按照当时两军的时尚潮流都不戴帽了，驾驶仍然带有原始标记的被俘车辆来到敌人后方，悄悄地跟踪敌人一段时间，然后突然快速用机关枪扫射一拨，再揭示他们的真实身份。德军用这种方式抓捕了无数战俘。"

虽然施耐德认同德军确实使用被俘的盟军车辆这一说法，但他否认德军穿着敌军制服。"穿英军制服是严令禁止的，"他说道，"但实际上，我们很喜欢英国为沙漠军团制作的制服，因为很轻。虽然我们喜欢自己的帽子，但我们的制服是棉质的，比英军的制服重。"

6月23日，隆美尔的士兵开着英国第八军团的车越过利比亚边境。6天后，战斗中队和90个轻装师进入了马特鲁港。同盟军的最后一个沿海堡垒现在落入德军手中，但这将是隆美尔军队最后一场决定性的战役。7月3日，隆美尔在给妻子的信中写道："……敌人抵抗太顽强，而我们已经精疲力尽。"

非洲军团已将同盟军逼退至埃及，但非洲军团供应不足，耐力也快耗尽。"在占领托布鲁克后，我们接到命令，要我们以隆美尔的个人作战单位身份，越过利比亚边境，攻击马特鲁港。"施耐德说，"向阿拉曼推进是隆美尔的最大错误之一，他本应该再次退回至埃及边境的。"

不到4个月，蒙哥马利将军在阿拉曼发动了进攻，最终为同盟军赢得了这场沙漠战争。"我们知道英军准备袭击阿拉曼，但我们并不了解他们的实力。"施耐德说道，"10月23日，他们开始攻击。我们在阿拉曼防线的南部，只是轻度防守，因为隆美尔认为蒙哥马利真正要攻击的是阿拉曼防线的北部。当英军袭来时，我们上前迎战。但我们随后接到命令，要求我们通过阿拉曼以西约50千米的反坦克防御阵地缓慢撤离……接到撤离命令时，我们都无法相信。"

在阿拉曼防线的最初战役中，战斗中队英勇战斗，用在加查拉缴获的美国"甜心"坦克对付法国军团。北部地区的战斗也很凶猛，但是，同盟国逐渐以不可阻挡的攻势向西推进。

在接下来的6个月中，施耐德和其他非洲军团的士兵们开始有序撤离，而同盟军一路将他们逼出利比亚，直奔突尼斯。

"我最后一次和英军打仗是在突尼斯西部的西迪阿里哈塔布，"施耐德说，"我们抓获了6

名英国士兵。我们想知道如何处理他们，但指挥官禁止枪毙他们，所以我们给他们吃了我们的口粮，但此时我们也没有多少吃的了，就剩了一些腐败的黑面包，没有卫生纸，也没有咖啡。我们煮了些开水，从树上摘了一些叶子制作茶。英国士兵看着我们说，'你们活得像狗一样'。他们看到我们的生活状态，不明白为什么我们还能继续坚持打下去。"

1943年5月16日，在突尼斯克利比亚附近，施耐德最终被美军俘虏。"我的很多战友都牺牲了，而我幸存下来，我很高兴。"他说道，"但我现在是战俘了，也想知道他们会怎样对待我。"

施耐德被押运到美国，直到战争结束才被释放。当终于回到民主德国时，他了解到，战斗中队里的389名士兵，"……只有39人回来。"他是幸运儿之一，也许，是最幸运的那一个。因为

▲ 非洲军团从未组建过类似特别空勤团一类的组织，图中有些人曾参加过1942年埃及战争

当他回到萨克森州时，等待他的是他的女朋友阿尔弗雷达。在分开的整整7年间，施耐德一直随身带着女朋友的照片。"我没怎么和隆美尔聊过天，但在仅有的几次聊天中，有一次隆美尔问我是否有女朋友，"施耐德说，"我说'我有，将军'，他回答，'希望只有一个'。"

▼ 非洲军团的三号坦克驶过利比亚沙漠

**此刻事件**

1944年6月7日,希特勒检阅部队,而前一天是诺曼底登陆日。战争进行到这个时候,许多官员开始怀疑希特勒的领导能力。

▼ 1941年,德国士兵将纳粹党党旗挂在雅典卫城上空。1944年10月前,德国一直占领着雅典

# 对巴尔干迟到的突袭

墨索里尼在希腊进攻受阻促使德军进攻巴尔干,这使得希特勒推迟了对苏联的攻势,也使得德军在接下来的战斗中面临资源不足的问题。

## 英勇的梅塔克萨斯总理

当意大利外交部部长加莱亚佐·齐亚诺（Galeazzo Ciano）向希腊总理约安尼斯·梅塔克萨斯（Ioannis Metaxas）发出最后通牒，劝希腊投降，避免被入侵时，梅塔克萨斯回答："我在几个小时内都无法决定是否出售自己的房子，你又怎么指望我出卖我的国家呢？"

梅塔克萨斯因其右翼信仰而闻名，并以独裁者的方式治理国家。在第二次世界大战之前的几年，他快速而果断地应对政治对手。作为一个坚定的民族主义者，梅塔克萨斯不愿在面对武装侵略时放弃国家的独立性。但是，他拒绝了英国的直接援助，他担心这样做会引起德国的敌对。实际上，梅塔克萨斯曾在德国求学，也曾是在1897年与土耳其作战的老兵。他还担任过希腊总参谋长。在与意军开战前夕，他主要负责高效调配希腊军队。梅塔克萨斯患有糖尿病，在希腊击退了意军并希望避免与德国发生战争的过程中，梅塔克萨斯压力巨大。1941年1月29日，在纳粹入侵希腊的前几周，梅塔克萨斯死于心脏病。

▲ 希腊总理约安尼斯·梅塔克萨斯击退了意军的进攻。但在纳粹德国入侵希腊前，他不幸去世

尽管意军最近在非洲表现平平，但贝尼托·墨索里尼（Benito Mussolini）想要构建新罗马帝国的梦想依然炽热。1939年春，意军已攻克阿尔巴尼亚。1940年10月28日，墨索里尼命令意军从阿尔巴尼亚攻进希腊。意军没有等到希腊投降的最后通牒，就朝着边境大举扫荡而去。

墨索里尼痛苦地意识到，德军的节节获胜使意大利迅速成为轴心国中实力较弱的一方。墨索里尼宣誓要快速在希腊获得一场决定性的胜利，也向他的纳粹伙伴展现意军的实力。在入侵当天早晨，墨索里尼向抵达佛罗伦萨火车站的希特勒宣布："元首，我们正在挺进！"

这位意大利独裁者确实成功地吸引了希特勒的注意；然而，这种被关注的方式却并不是墨索里尼本人想要的。希腊北部的多山地形阻碍了意军前行，而冰雪交加的天气使道路更加泥泞，几乎无法通行。但在业历山德罗斯·帕帕戈斯（Alexandros Papagos）将军的干练指挥下，组织有序且训练有素的希腊军给意军造成了巨大伤亡。希腊军只用了15万精兵，就从入侵者手中夺得了主动权，并迅速开启了反攻行动。希腊人擅长山地作战。11月初，一支精锐的埃夫佐尼军队在品都斯山区俘虏并歼灭了意军一整个师，杀死并俘虏了1.3万多名意军士兵。到11月23日，意军已被完全驱逐出希腊领土。

对墨索里尼而言，他预期的胜利之征迅速沦为为意大利荣誉而战的尴尬之旅。11月底，希腊军队抵达阿尔巴尼亚边境，并在科里察镇抓获了2000名囚犯。6周后，在英国盟友有限的空军和海军支援下，希腊军队占领了阿尔巴尼亚至少四分之一的领土。当重组的意军在月初重新归来时，新一波的攻势再次遇阻。意军损失了超过1.2万名士兵。

▲ 墨索里尼期望迅速攻下希腊，但尴尬落败，后由德国出手干预

## 希特勒参与调解

意军在希腊碰了一鼻子灰，而希特勒这边的烦心事也越来越多。希特勒正在谋划巴巴罗萨行动，预计在1941年春天入侵苏联，所以他指望巴尔干地区能平静一些，不出乱子。当年3月，纳粹的影响已经产生了预期的效果，因为包括罗马尼亚、匈牙利和保加利亚等在内的卫星国要么边强，要么积极地加入了轴心国。

墨索里尼对希腊的入侵是很不明智的，最终打乱了希特勒的大计划。而在意军的战斗进行一周之后，德军正在为更大规模的战争做准备，甚至如果有必要的话，要帮助意大利入侵希腊。与此同时，与其他听从纳粹的巴尔干国家不同，南斯拉夫并不妥协。17岁的彼得二世由摄政王保罗亲王辅佐，但在一场政变中，这一配合纳粹的政权被推翻。新南斯拉夫政府拒绝接受德国的统治，而愤怒的希特勒发誓要粉碎新政府的抵抗，他命令军方"无情严厉地"进攻，摧毁南斯拉夫的"军队和整个国家"。

## 对南斯拉夫迅速报复

1941年4月6日是棕树节，纳粹带着愤怒来到南斯拉夫首都贝尔格莱德进行报复。在接下来的3天里，德军派遣数百架次的轰炸机，摧毁了这座城市，造成1.7万名平民伤亡。而南斯拉夫武装部队毫无准备，空军的600架飞机都在地面，几乎全部被炸毁。而由于领导不力，100万士兵只做出了微弱抵抗。德国、意大利、罗马尼亚和匈牙利的联合部队迅速在南斯拉夫的乡村上空扫荡。入侵6天后，在年仅26岁的上尉弗里茨·克林根伯格（Fritz Klingenberg）的带领下，只用了德国党卫军的一个班就攻陷了贝尔格莱德。克林根伯格大胆作战，一路高歌猛进，在市中心挂起了纳粹旗帜。截至4月18日，南斯拉夫结束了有组织的反抗行动，刚成立的新政府流亡至英国。这场为期12天的战役宣告结束，轴心国以不到600名士兵死伤的代价捕获了超过25万名南斯拉夫战俘。

## 希腊英勇防御

德军入侵希腊的"马里塔行动"是恰巧和袭击南斯拉夫同时进行的。4月6日，24个步兵和装甲师从保加利亚涌向希腊边境，德军轰炸机袭击了希腊首都雅典郊区附近的港口城市比雷埃夫斯。英国军火船"弗雷泽家族号"遭到德军炸弹袭击，被引爆250吨爆炸物，致使港口其他11艘船沉没，附近设施被摧毁。

战胜意军后，希腊军队在北部构筑了梅塔克萨斯防线，并以极大的决心与德军作战。伊斯蒂贝和克尔卡吉亚要塞是梅塔克萨斯防线的一部分，是21个防御工事中的两个。在敌人以重型枪

> 希腊军队只用了15万精兵,就从入侵者手中夺得了主动权,并迅速开启了反攻行动。

支、携带火焰喷射器的步兵队开战后,这两个要塞很快就失守了。德军试图越过位于东北部的内斯托斯河,但在72小时的激烈战斗中,死伤700多人,德军被有条不紊地击败。在吕珀尔山隘的崎岖之地,斯特鲁马河经过一个陡峭的山谷流向爱琴海,而德军军团在这里损失了四分之一的兵力。

4月8日,德国第二装甲师带着坦克和装甲掷弹兵向西穿过南斯拉夫,遭到南斯拉夫的较弱的反抗。德军顺利进入希腊后,占领了第二大城市塞萨洛尼基,拦截了7万名希腊士兵,迫使他们投降,并迅速控制了希腊东部。

## 英国和英联邦国家的贡献

在做出减少北非同盟军军力的战略决定之后,3月7日,一支由5.7万名英国和英联邦军队组成的远征军登陆希腊。在亨利·梅特兰·威尔逊(Henry Maitland Wilson)中将的指挥下,援军占领了希腊北部阿利阿克蒙战线的阵地。但在几周之内,同盟军发现,德军正朝着莫纳斯提尔隘口方向前进,可能计划从侧面围堵同盟军。经过3天艰苦战斗——英国皇家骑炮兵团在这场战争中表现优异——在德军反复的攻击中,英国、澳大利亚和新西兰联军守住了莫纳斯提尔隘口。

▲ 1941年春,意军入侵希腊。希腊士兵准备反击

**德国、意大利、罗马尼亚和匈牙利联军迅速在南斯拉夫的乡村上空扫荡。**

尽管如此,战况仍充满变数。英联邦军队撤到了新阵地,新阵地位于奥林匹斯山附近,距离雅典约440千米。直到4月18日,德军从两翼围堵,使英联邦军队遭遇夹击。威尔逊被迫下令再次撤军,这次是越过山脉撤到首都。

截至4月20日,从阿尔巴尼亚撤离的希腊军被阻断并投降。由于反击失败,英联邦军队撤离了5.1万人。在战争期间,希腊军队有7万人伤亡,英军有900人死亡,1200人受伤。而德军伤亡人数仅为4500人。但希特勒也失去了宝贵的时间,入侵苏联不得不推迟至少5周,直到1941年6月22日才开始。此外,在战争剩余的时间里,数千名德军士兵被要求占领巴尔干领土,并与强大的党派运动开始了一场无法取胜的战争。

## "水星行动"

纳粹实现对巴尔干和希腊完全统治的最后一步是征服克里特岛。克里特岛是地中海东部的一个大岛,位于希腊大陆以南160千米。1941年5月20日,德军发动了"水星行动"——一次入侵该岛的空袭行动。德军精锐伞兵或乘坐滑翔机,或从容克运输机上跳下。参与该行动的有500架容克运输机,英联邦的士兵击落了220架。在该

▲ 1941年5月,德军士兵和装甲车抵达希腊首都雅典。他们疲意不堪、风尘仆仆但高唱着凯歌

▲ 德军第十一装甲师士兵在穿越保加利亚边境前往南斯拉夫的途中

岛的北部和西部地区，战争持续进行。虽然德军死伤超过4000人，但入侵者最终还是控制了重要的简易机场，并等来了增援。

截至6月1日，最后一次反击战结束。超过1.8万名英联邦官兵撤离，1700人死亡，1.2万人被捕。克里特岛的胜利使德军付出了惨重代价。纳粹再也没有发动如此大规模的空降作战。在之后的战斗中，德军的伞兵都是作为精锐步兵参战的。"水星行动"期间损失的运输机本可以用于随后对东部阵线的再补给，这也证明德军很不走运。巴尔干的胜利给德军带来的气氛是阴沉的，这也说明这场胜利或许是不必要的。

## 德国著名的"钢铁安妮"

容克运输机（Junkers Ju-52）是第二次世界大战期间德国军用机器的主力军。这是一款由工程师恩斯特·辛德尔（Ernst Zindel）设计的微型飞机，于1930年首飞。在战争开始之前，容克作为民用运输机和客机，可容纳17人。和其他在两次世界大战间隙开发的德国飞机一样，容克很易适应战时需求，并在1936年至1939年的西班牙内战期间服役。由3台BMW 132T径向发动机提供动力，每台发动机可产生715马力，容克飞机能够以每小时211千米的最高速度行驶。因相对较慢，使得容克特别容易受到敌方防空火力的攻击，就和"水星行动"中克里特岛上发生的情况一样。容克可装载18名装备齐全的伞兵、12副担架，或同样规模的物资。机组人员由一名飞行员、一名副驾驶员和一名无线电操作员组成。同时飞机还安装一台13毫米口径的MG-131机枪和两架7.92毫米口径的MG-15机枪。战争中，德军损失了多架容克，但在整个战争期间，德国制造了近4900架容克，直到1952年才停产，生产周期达30年。

▲ 在"水星行动"中，一架容克运输机朝东疾驰，留下一缕黑烟和火光。而伞兵从其他飞机上降落

# 希特勒 VS 斯大林

## 巴巴罗萨行动

第二次世界大战中的极权大国倒塌后，
东欧血流成河，而苏联也到了崩溃的边缘。

全歼之战即将开始。纳粹怒气冲冲地想要歼灭的目标是苏联，这个领土从波罗的海蔓延到北太平洋的共产主义巨擘。自1925年著书《我的奋斗》后，德国独裁者希特勒认为德国人需要更多的生存空间，于是相信自己的使命是为德国人创造生存空间，并结束布尔什维克这一不断蔓延的思潮。希特勒认为，布尔什维克这一革命思想对20世纪20年代的脆弱德国是一种威胁。因此，德国和苏联的战争不仅是军事冲突，更是两种互不兼容又彼此嫌弃的意识形态之间的冲突。

▲ 1939年，瓦尔特·冯·布劳希奇和阿道夫·希特勒检阅在波兰作

> 我们要做的只是敲开门，而那个腐朽的结构自然会崩塌。
>
> ——1941年6月，希特勒对苏联的预言

## 从波罗的海到黑海

与人们心目中的神话相反，在德国军队中没有单一的"闪电战"成功学——德军在1939年和1940年的胜利是建立在"一战"后发展出的移动战争学说之上，此外还有强大而专业的作战军团和空军优势。

不过，1940年12月，希特勒受到了自己所做的宣传的迷惑。由于深信苏联会在德军入侵后陷落，希特勒发布了第二十一号元首指令，概述了未来的巴巴罗萨行动计划——以领导第三次十字军东征的神圣罗马帝国皇帝之名而命名。在陆军元帅瓦尔特·冯·布劳希奇（Walther von Brauchitsch）的领导下，134个满员之师奔赴新战线，从北部的梅梅尔到南部的敖德萨均有布局。

1939年，《苏德互不侵犯条约》被德方撕毁，而希特勒自信地预言，入侵苏联只需要10周就能取得胜利。德军东路军把北部集团军、南部集团军和中部集团军兵分三路，从战术上开始先发制人，旨在驱逐所有在阿尔汉格尔斯克-阿斯特拉罕（A-A）战线后面的苏联部队，拿下列宁格勒、莫斯科和基辅。由第一次世界大战资深陆军元帅费多尔·冯·博克（Fedor von Bock）领导的陆军集团中心将采取与129年前拿破仑对俄国入侵的相同路线，而那次入侵不幸失败。

为了确保德军不会遭受同样的厄运，弗里德里希·保罗斯（Friedrich Paulus）将军受命对袭击区进行战略调查。保罗斯建议采取包围战术，防止苏联红军撤退，把德国供应线拉得过长，导致德军在苏联境内受困，不得不开打耗时耗力的游击战。由于德军在巴尔干地区遭到的反击超过预期，巴巴罗萨计划被推迟了一个多月。特别是南斯拉夫还进行了顽强抵抗，于是希特勒被迫插手意大利对希腊的入侵。巴巴罗萨计划的延迟或许为苏方提供了更多时间集结防御力量。虽然有人提前发出警告，但斯大林确信直到德国占领英国后，希特勒才会入侵苏联。

苏联领导人早在1940年12月就收到过情报，1941年4月，温斯顿·丘吉尔也给斯大林传信告知了德国的威胁。1941年6月21日，也就是巴巴罗萨行动前夕，斯大林还有最后一次机会调动苏方部队。国防军军士长阿尔弗雷德·利索夫（Alfred Lishof）离开了部队并被苏联士兵收留。他声称德国的袭击迫在眉睫。斯大林粗暴地回绝了他的警告。第二天，斯大林猛然发现：东部战争已经开始了。

> 苏联的领土对我国而言就像印度对英国一样……德国人必须生活在漂亮的、广袤的田园中。
>
> ——希特勒的扩充生存空间计划

## 希特勒的装甲风暴

苏联红军准备不足，加上德军在即将到来的袭击中饱含怒气，于是苏联迎来的是致命的一击。苏联拥有的坦克和飞机数量可能是第三帝国的3倍，但由于苏联国土面积过大，这些武器四散分布在各地，无法及时得到调配，并且当时苏联的技术也不够先进。波罗的海战线的第一次重要战役是6月23日的拉塞尼埃战役。德军的这次袭击包括大型地面轰炸和空袭，使苏联机场陷入瘫痪，损失了四分之一的兵力。随着战线继续向东推进，装甲师每天攻下80千米，而步兵则紧随其后，每天负重行驶30千米。苏军已被炮弹攻势击晕，而德军发动的围攻行动非常有效。凭借钳形攻势，德军俘获了数十万名战俘。7月初，随着红军从白俄罗斯撤退到第聂伯河河岸，比亚韦斯托克和明斯克也沦陷了。在6月23日至30日的布罗迪战役中，德国国防军发挥了技术和战术上的优势，凭借着750辆德国装甲车摧毁了3500辆苏联装甲车。

▲ 1941年6月，在入侵早期，德军抵达苏联

▲ 轴心国步兵用41型防御火焰喷射器摧毁建筑物，清除障碍

> 被大火吞噬的村庄，死不瞑目的苏联士兵，肿胀的战马尸体，生锈、发黑、被烧坏的坦克……行军过程中，目光所及之处，都是这些场景。
> ——一名德国步兵眼中的巴巴罗萨计划早期的苏联场景

7月，暴雨席卷了东欧战场。雨下得太大了，导致本来自由行进的德国东部军不得不停下脚步，令士兵一列列地后退数十千米，等待太阳从云层中出来。这让陷入困境的苏联红军有机会重新沉着布局。苏联红军决定发动反击，但德国国防军坚定不移，击退了苏联红军，并进一步向斯摩棱斯克前进。经过一个月的鏖战，斯摩棱斯克沦陷。虽然德军遭受了巨大的损失，但是国防军的重型卡车没有停下前进的步伐。斯大林下令采取严格的焦土政策。整个东部前线的桥梁被拆除，铁路线遭到破坏，道路被毁。当德国东部军越来越接近苏联的重要核心城市时，苏军必须抵抗了。斯大林不能容忍失败，德米特里·巴甫洛夫（Dmitry Pavlov）将军因未能阻止德军进攻而被处决。因此，苏军指挥官对投降还是退却更加犹豫不决。当斯大林从上到下大清洗时，德国国防军正忙着抢劫明斯克。

# 东部大屠杀

随着战争前线不断扩大,希特勒发展"种族纯粹"生存空间的愿景开始在后方实现。在步兵后出征的是在党卫军指挥下的别动队——一个准军事敢死队。他们有序地以大规模枪击、公开绞刑等形式杀害犹太人、共产党官员、知识分子、罗姆人和辛提吉卜赛人。有些被害人被他们用汽油油罐车排放的尾气熏死。

希特勒还建立了集中营和贫民区,把战俘当成奴隶劳工。有些国防军的指挥部对这样的行为有疑虑,但还是没有阻止暴行继续。许多正规部队、警察部队、当地长大的辅警和法西斯民兵军参与了血腥屠杀行动。其中最大规模的杀戮是在1941年9月,发生在基辅郊区的巴比亚尔。党卫军的记录显示,仅1941年就有60万人被杀,其恐怖程度超过了巴巴罗萨。1941年至1944年,别动队杀害的人数高达200万。

战争结束后,在1947年至1948年的别动队大审中,24名前别动队指挥官被控犯有危害人类罪。其中,14人被判死刑,两人被判终身监禁,其他人的刑罚较轻。暴行的全盘设计人——党卫军总指挥海因里希·希姆莱和党卫军副总指挥赖因哈德·海德里希(Reinhard Heydrich),均得到了应有的惩罚——希姆莱在牢房中自杀;海德里希则在布拉格被同盟军特工暗杀。

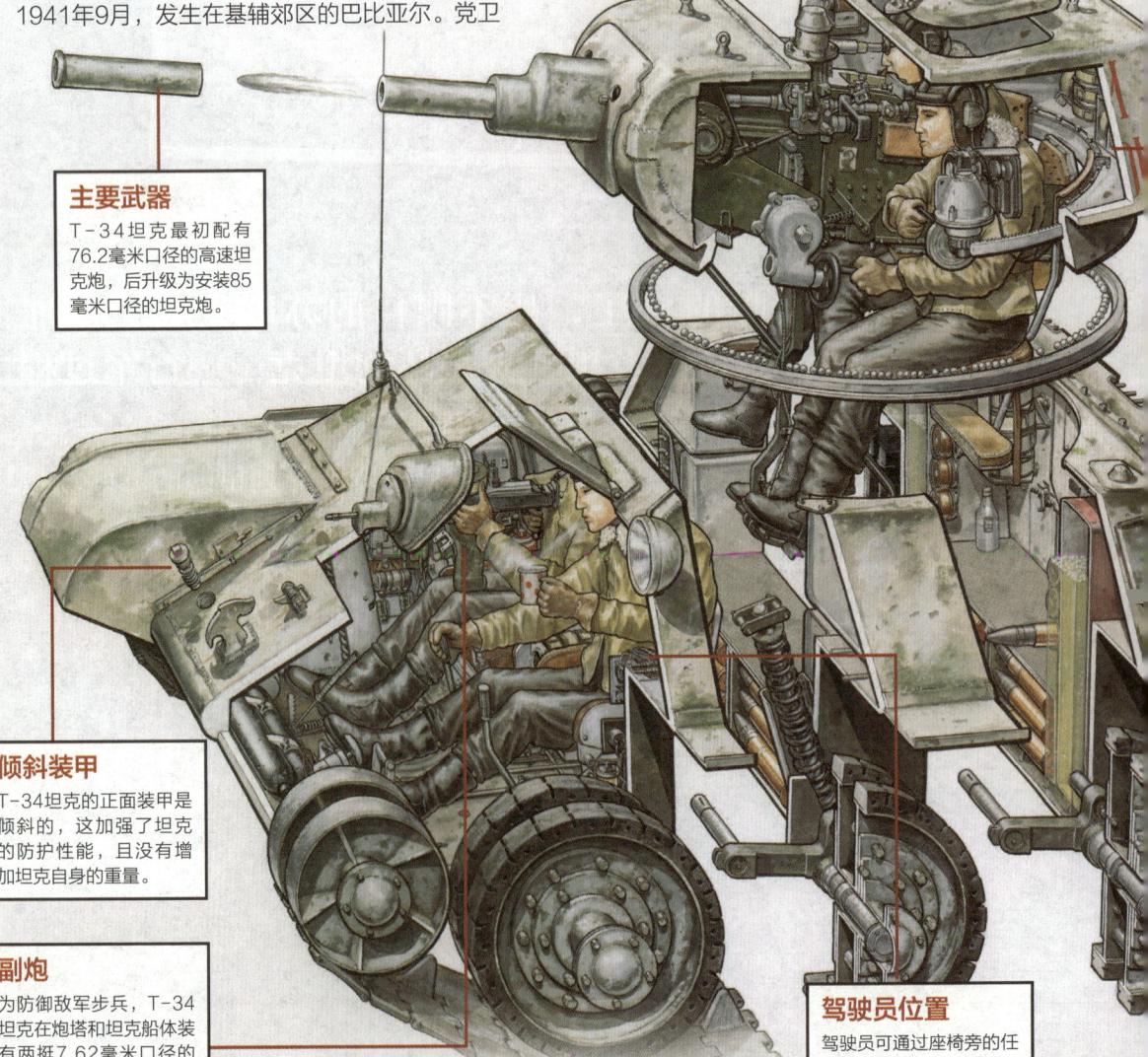

**主要武器**
T-34坦克最初配有76.2毫米口径的高速坦克炮,后升级为安装85毫米口径的坦克炮。

**倾斜装甲**
T-34坦克的正面装甲是倾斜的,这加强了坦克的防护性能,且没有增加坦克自身的重量。

**副炮**
为防御敌军步兵,T-34坦克在炮塔和坦克船体装有两挺7.62毫米口径的机枪。

**驾驶员位置**
驾驶员可通过座椅旁的任一舵柄驾驶T-34坦克。

> 有没有可能入侵者已不再把我们当作人，而把我们当作牲口？我们是不能接受这种对待的。但谁又敢和他们作对呢？
>
> ——1941年6月，维尔纽斯市的玛卡·罗尔尼卡斯在日记中写道

## 苏联红军的装备

苏联的T-34坦克被人们认为是"二战"中威力最强的武器

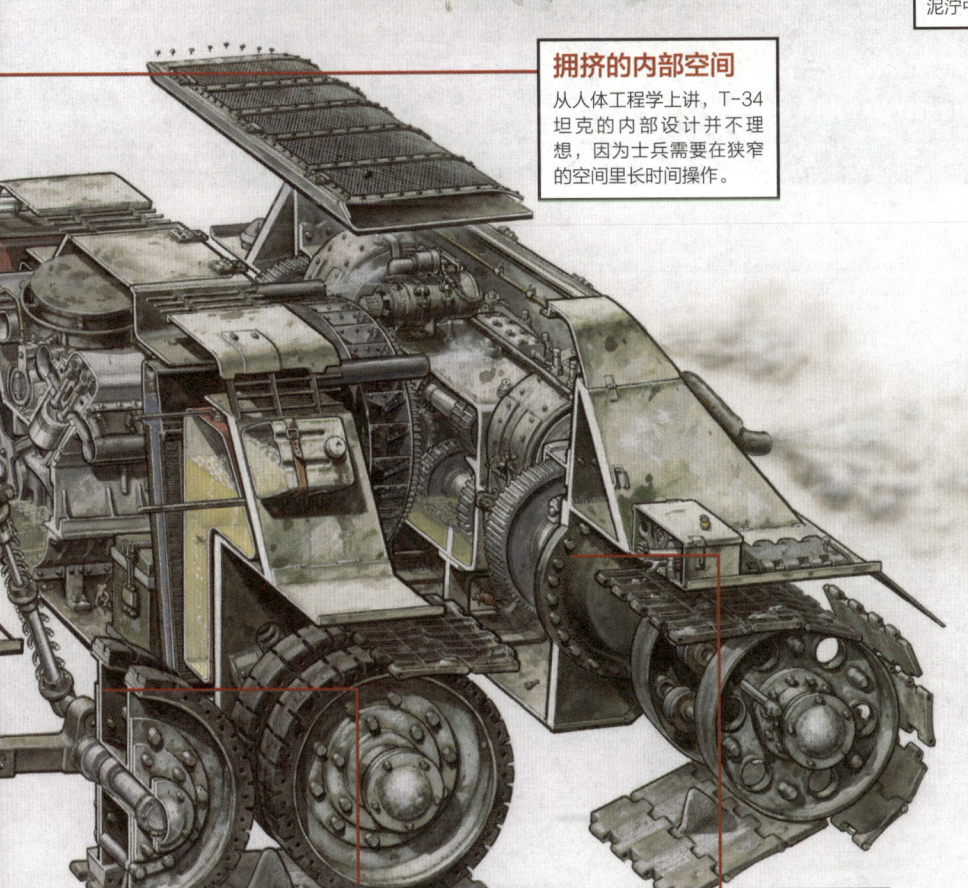

**炮塔**
早期的T-34坦克配备的是紧凑型双人炮塔，需要指挥官瞄准主炮，战斗效率较低。

**宽履带**
T-34坦克的宽履带为坦克的底盘提供了稳定性，也提高了坦克的越野性能，使其在雪地或泥泞中均可行驶。

**拥挤的内部空间**
从人体工程学上讲，T-34坦克的内部设计并不理想，因为士兵需要在狭窄的空间里长时间操作。

**悬挂系统**
美国人沃尔特·克里斯蒂（Walter Christie）设计了T-34坦克的悬挂系统，这一系统在"二战"中的苏联坦克里很常见。

**发动机**
T-34坦克是由V-2-34和V-12柴油发动机提供动力，功率为500马力，最高时速为53千米。

# 行军停滞

巴巴罗萨行动的第一阶段结束了,希特勒和他手下的将军们不得不做出判断,未来有三条路线可选:继续向莫斯科挺进;向北冒险征服共产主义的发源地——列宁格勒;转而向南,前往苏联的粮仓——乌克兰。在这个过程中,希特勒否决了将军的意见,选择了第二条路。他认为巴库的油田和苏联工业中心哈尔科夫是需要优先占领的,而这将削弱德军对莫斯科的攻击力,但元首仍然认为自己完全就是个领导战争的天才,相信自己的判断是最准确的。在8月的大部分时间里,元首和将军们的意见都是不一致的,而这样一来,能够完全击垮苏联的宝贵时间就这样溜走了。而这正是苏联红军所需要的喘息时间。8月中旬,又有200个师的新兵前往西部。无论德军制定的战术超越苏军多少,在人数上,德军永远也不会超过苏军。尽管人数占优势,但随后的基辅战役却成为了苏联红军有史以来最大的失败。德军占领了乌曼褶口,北方的情况也没有多少好转。从9月中旬开始,列宁格勒,这座有象征意义的城市,被德军包围,每天有300名平民在这个前俄罗斯帝国首都中死去。当地还发生了饥荒,人们不得不开始吃猫、狗和鸟,甚至有报道称,当时还有人吃人的现象。

# 台风计划

在北部和南部取得胜利之后,就到了德军东路军完成最终杀戮目标的时候了:挺进莫斯科。10月,德军占领了莫斯科以南200千米的小镇怀兹马。袭击莫斯科的行动已经箭在弦上。随着德军在加里宁和布良斯克也取得了胜利,他们离莫斯科越来越近。

城市里,恐慌是人们最主要的情绪。200万人逃离了首都,苏维埃政府也向东搬迁了800千米,暂时安置在古比雪夫(今萨马拉)。而有一个人依然保持镇静,他就是格奥尔吉·朱可夫(Georgy Zhukov)。1939年,朱可夫在哈拉欣河战役中赢得了重大胜利,这使日本不再对苏联远东构成威胁。朱可夫动员了90万名来自东部军区的新兵对抗西部的德军。德国东征军距离莫斯科的大门只有65千米。他们甚至可以看到莫斯科上空的防空灯光,但德军无法继续向前推进。苏联的战略是,尽可能地利用德军体能匮乏和睡眠不足的问题,派遣新兵部队出击,而恶劣天气也给苏联红军提供了足够的时间进行重组和巩固阵地。德军离柏林很远,所以德军情报部门出现

▲ 莫斯科之战中带有纳粹德军标识的坦克

问题——无法准确完整地提供情报。德军高级指挥部严重低估了苏联可以召集的士兵数量,他们预测红军有50支预备队,但这个数字是被严重低估了的。到11月中旬,造成路面无法行进的秋雨季节慢慢过去,泥泞的路面逐渐硬化,使得德军可以重新开始大规模进攻。德军驻扎在莫斯科郊区,可以看到克里姆林宫。而苏联红军为拯救他们的首都而拼尽全力应战。双方的战斗十分激烈。这个冬天是苏联140年来最寒冷的冬天。在这个冬天,苏联必须付出代价,而实际上,苏联付出了太多。

**对所有军事目的而言,苏联都要拼尽全力。英军的两个前线的作战理想终究还是破灭了。**

——1941年10月9日,党卫军第一装甲师指挥官泽普·迪特里希

▶ 一名国防军士兵正密切关注着可能随时发动攻击的苏军

> 寒风如针刺一般吹在脸上，冷空气穿过头盔和手套。眼前全是霜，什么都看不清。
>
> —— 德国国防军将军戈特哈德·海因里希对当时艰苦环境的描述

## 霜冻将军

　　苏军为零度以下的气候做好了准备，配备有衬垫的冬季服装和专业用具，包括滑雪部队和用于运送枪支和火炮的雪橇，而德军没有准备这些。希特勒决心快速获胜，这意味着德国几乎没有为士兵准备冬衣抗寒防冻，而这带来的后果是毁灭性的。德国士兵常出现的问题是：手枪卡在枪套里；戴着手套的手指冻在了手套里，很难拔出来；和肉一块冻住的粮食都结了冰；发动机

使他们已无心再战。但希特勒不是轻易言败的人。他命令冯·博克（von Bock）坚守阵地。这是个非常固执的决定，显示出元首作为将领的过度自信。苏联红军的不断挺进为德国国防军带来了一系列损失，这也激怒了希特勒。希特勒把手下的将军重新洗牌，解除了冯·龙德施泰特（Von Rundstedt）、冯·布劳希奇（Von Brauchitsch）和冯·博克的职务。当希特勒

# 拉多加湖生命线

希特勒渴望攻下列宁格勒，因为那是共产主义的象征——1917年十月革命的中心地带。成功入侵列宁格勒则象征着意识形态的胜利。因此，纳粹指挥部决定围攻列宁格勒。8月30日，列宁格勒与苏联其他地区相连的铁路和陆路连接被切断。拯救列宁格勒唯一的机会就是通过拉格达湖。这座湖是一道天然的屏障，将德国和芬兰的军队同苏联分开。1941年11月，湖面结冰，卡车可运送物资进入城市，提供救济。冰路运输的资源不足以维持这座城市人口的消耗，但这道天然的干道却使列宁格勒在被围攻900多天后，直到1944年1月都未被入侵。

▲ 为表彰市民的坚强勇敢和极大耐力，苏联政府于1945年授予列宁格勒"英雄城"的称号

# 在巴巴罗萨计划中作战的将军们

在人类史上最大的武装冲突之一中,敌对的德国和苏联两方指挥官耗费了数以百万计的人力和价值巨大的资源。

### 阿道夫·希特勒
（Adolf Hitler）

早至20世纪20年代,希特勒就公开了自己的愿景:希望为德国人在东部找到生存空间。确信苏联无法抵挡德国的杀戮,希特勒元首发动了巴巴罗萨计划。这一决定使德意志第三帝国由此陷落。

### 约瑟夫·斯大林
（Joseph Stalin）

德国和苏联在1939年签署了互不侵犯条约,两国合作入侵波兰。约瑟夫·斯大林拒绝相信情报人员提供的情报,拒不相信希特勒和纳粹战争机器正准备入侵苏联。

### 瓦尔特·冯·布劳希奇
（Walther von Brauchitsch）

"二战"早期的德军总参谋长。他支持希特勒入侵苏联的决定。由于德军未能攻下莫斯科,布劳希奇失去了希特勒的支持。

### 格奥尔吉·朱可夫
（Georgy Zhukov）

虽然朱可夫早期领导苏联士兵反击入侵的德国军队以失败告终,但他是带领苏联红军努力遏制纳粹,并最终成为苏联人口中的"伟大的卫国战争"（"二战"）中的中心人物。

### 费多尔·冯·博克
（Fedor von Bock）

陆军元帅冯·博克负责在巴巴罗萨计划中指挥德国中央集团军。原定德国国防军直击莫斯科,而不是围攻苏联红军,占领明斯克和其他城市,再攻进莫斯科。希特勒对这一版本的计划做出了调整,主张迂回行进,冯·博克对此持反对意见。

### 亚历山大·华西列夫斯基
（Alekxandr Vasilevsky）

华西列夫斯基是苏联红军的高级将领,负责筹划1941年秋在莫斯科附近大部分地区的防御行动。他还筹划了使苏联走向胜利的反击战。

# 德国的盟友

## 在希特勒和斯大林之间充当绞肉机的小国家

### 芬兰

在巴巴罗萨计划之前,芬兰曾卷入同苏联的领土争端中。1939年,两国曾在卡累利阿地峡开战,这使希特勒看到了联盟的机会。在巴巴罗萨计划实施当天,虽然在严格意义上讲,芬兰军队不是轴心国的成员,但其在列宁格勒北部的地峡向苏军发起了进攻。巴巴罗萨计划结束后,该地的战争持续到了1944年。

### 罗马尼亚

希特勒很热衷于同罗马尼亚结盟,因为罗马尼亚可以给德国额外的原油储备,并在巴巴罗萨计划中提供第二大数量的军队。罗马尼亚士兵加入了德军南部集团军,但在作战时其实力却常遭到国防军将军的质疑。但无论怎样,在挺进敖德萨和克里米亚的过程中,罗马尼亚军队扮演了至关重要的角色。但在苏联军队向西攻进时,罗马尼亚军队已无法抵抗。

### 意大利

在联合入侵希腊和巴尔干半岛之后,墨索里尼热衷于协助他的德国盟友。意大利为德国支援了一支由6.2万名士兵组成的远征军。但与德军一样,意军对寒冷的气候也毫无准备。意大利第八军在整个战役期间支持了德国国防军。但事实证明,他们的实力与苏联红军无法相提并论。成千上万的意大利士兵被捕,并被送往苏联监狱。

### 匈牙利

因奥匈帝国的关系,匈牙利与德国结盟。德国将罗马尼亚和南斯拉夫一部分领土送给匈牙利,以此作为将匈牙利引入战争的方式。尽管如此,和其他轴心国相比,匈牙利对于派出士兵作战更加犹豫不决。1944年,面对苏联红军的进攻,匈牙利军队突然投降。由此看出,希特勒只不过是扶持了一个傀儡政权,以试图阻止苏联反击。

### 斯洛伐克

斯洛伐克共和国成立于1939年,是纳粹德国的附属国。作为一个傀儡国,斯洛伐克被迫听命于德国。斯洛伐克远征军派遣了4.5万名士兵帮助德国国防军。但由于车辆不足,无法追上快速移动的装甲编队,斯洛伐克远征军跟不上德军。随着战争继续,斯洛伐克士兵士气下降,大部分兵力都变成了纯粹的工兵。

# 希特勒为什么会失败

尽管在巴巴罗萨行动初期,德军的装甲先锋深层次、大规模地打击了苏军,纳粹这一战争机器也获得了多次胜利,杀死俘获数百万名红军士兵,但阿道夫·希特勒未能认识到几个突出的问题,也正是这些问题最终导致德国国防军在东部战线上转攻为守,逐渐衰落,直至彻底失败。

希特勒希望速战速决,他低估了苏军的决心和约瑟夫·斯大林坚定的信念。随着德军接二连三地取得胜利,元首及各位高级指挥官都沉浸在过度自信的情绪中。不过到1941年秋,情况开始变得不同。希特勒开始在战略和战术上干涉德军攻势,同时,苏联红军发动了反击。接着,

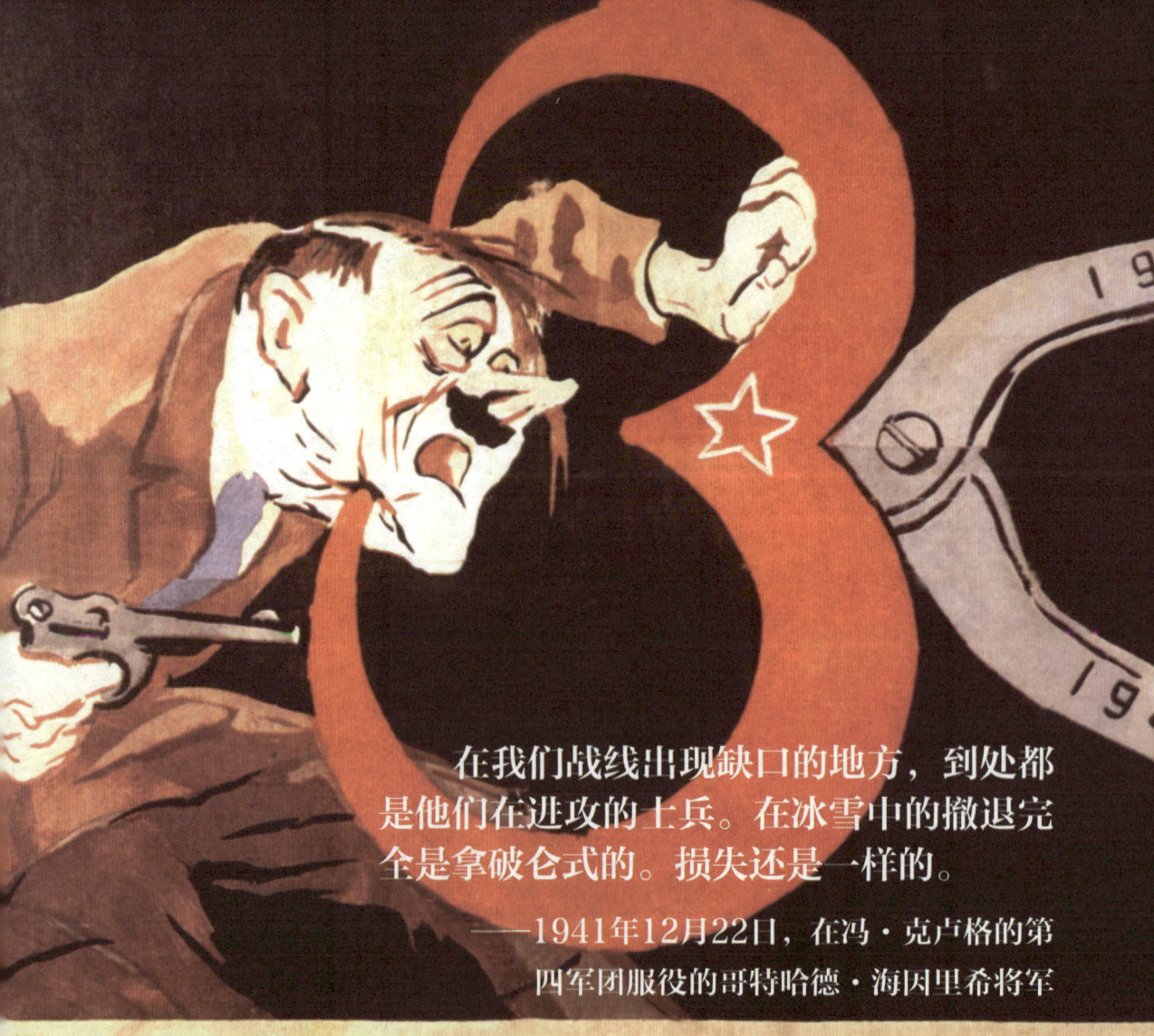

在我们战线出现缺口的地方,到处都是他们在进攻的士兵。在冰雪中的撤退完全是拿破仑式的。损失还是一样的。
——1941年12月22日,在冯·克卢格的第四军团服役的哥特哈德·海因里希将军

苏联又下起了一场似乎不会停的雨。泥混着雪，阻碍了纳粹前进的步伐。对于德国士兵来说，1941年的冬天，仿佛有一场狂风席卷了苏联。德军士兵只有夏季军装御寒。面对这样的寒冷天气，很多人都被冻病了，甚至有人被冻死了，德军的发动机和武器也都没有办法使用。这支机械化的军队被困在寒流中。装甲部队指挥官只能站在距离莫斯科不到20千米处，通过望远镜窥视着莫斯科。

次年夏天，当希特勒将坦克的炮口转向斯大林格勒和高加索油田时，在德军第六军和曾经无敌的国防军的眼前只剩下死亡和毁灭。最终，苏军发动了无情的反击，席卷东欧，并最终走上了柏林街头。在东线战场上，希特勒的影响力超出了控制。成为废墟的德国首都也揭示了元首注定死亡的命运，而他统治世界的梦想也注定破灭。

## 巴巴罗萨计划的全规模

### 134 ＋ 73
个师（战斗能力充足）　个师（部署在战线后方）

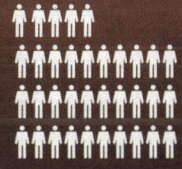
350万德国士兵

100万德国同盟军

30万芬兰士兵

5万斯洛伐克士兵　25万罗马尼亚士兵

### 德军拥有

 3580辆坦克
 2700架飞机
 50万辆装甲车
 7184挺机枪

占领基辅后，德军俘获了苏联66.5万名战俘、884辆坦克和3000挺机枪

德军在"二战"期间牺牲的士兵，80%死于东线战场

▲ 美国军报《星条旗永不落》特刊，报道了希特勒之死

### 此刻事件

华沙犹太人起义后,犹太家庭被驱逐出居住地。在起义中,有1.3万人被杀害,5万人被送往集中营。

# 希特勒的死亡集中营

在海外征战的同时,希特勒在国内也已成为了危险人物。他制造了人间炼狱,用来谋害数以百万计的人……

▼ 虽然只存在了4年半,但奥斯维辛集中营夺去了110万人的性命

自1945年起,世界各地有超过4400万人到访奥斯维辛。那里一片阴沉、寂静。放眼望去,那里有铁丝网、专用铁路线、冰冷的营房和一个脏兮兮的生锈的焚尸炉。如今的奥斯维辛保存完好,静悄悄地在那里记录着曾发生过的一切。那是一段令人不适的记忆,一段大多数人都想忘记的记忆,也是一段所有人都应记住的重要记忆。在那时,奥斯维辛只是集中营中的一个,但如今,奥斯维辛象征着消灭,提醒着人们至黑恶魔的来临,也不惜一切代价地告诉人们,要避免重蹈历史覆辙。

设立集中营或其他形式的营地是希特勒政权中不变的部分。1933年,希特勒被任命为德国总理,此后便授意建立了第一批集中营,也称拘留营。这些拘留营主要用于关押纳粹党的政治反对派。希特勒会将任何他认为是威胁的人扔进这些拘留营中,以摆脱他们,巩固自己的权力,渐渐地便无人反对他的统治。由于越来越多的人被捕,希特勒需要更多的营地,于是德国各地都建立了类似的拘留营。1934年,这些营地由中央政府集中控制。而到1934年年底,党卫军是唯一有权管理这些营地的机构。1939年,德国入侵波兰时,当时的德国有6个这样的营地。虽然当时这些营地除了监禁外还强迫囚犯劳动,但那时还没有执行有朝一日会使其臭名昭著的残酷任务——大规模屠杀。

希特勒计划消灭犹太人的方案——"最终解决"并非一蹴而就。在他上位初期,他就已经有了这个丧失人性的想法。1935年,德国颁布了《纽伦堡法案》,禁止德国人与犹太人结婚或发

希特勒计划消灭犹太人的方案并非一蹴而就。在上位初期，他就有了这个丧失人性的想法。

## 纳粹实验

死亡集中营的另一个可怕之处就是人体实验。因为有机会进行通常不被允许的一些扭曲实验，于是许多医生慕名前来，而他们的实验者的命运甚至比直接死亡还要糟糕。在一些实验中，实验对象要将身体暴露在极端条件下，比如极寒温度中或大气压力下，而做这些实验的医生只为了看看人类会如何反应。为了测试免疫方法，医生会让健康的囚犯感染诸如疟疾或肺结核等疾病。还有一个关于血液凝固的实验，要给受试者身体注射某些物质，观察这些物质对其影响，然后枪击这些受试者，甚至在没有麻醉的情况下对其截肢。

而其他的一些实验似乎只是为了满足医生的病态欲望。例如，约瑟夫·门格勒（Josef Mengele）对双胞胎很着迷，他对他们进行了恐怖的实验。比如，他将一对4岁双胞胎缝在一起，使他们连在一块，而最后他们的父母偷偷给他们打了吗啡才结束了两个孩子的痛苦。门格勒被称为"死亡天使"。他会先给孩子们糖果和玩具，哄他们，让他们信任他，然后将孩子们致残，致瘫，致死。在另一个实验中，纳粹把一个还在吃奶的孩子从他母亲身边带走，只为看看这孩子在没有食物的情况下能活多久。对于医生而言，集中营不仅让他们能够自由地进行实验，而且还能持续地、充足地为他们提供不能拒绝的实验对象。

▲ 这些双胞胎是奥斯维辛里少数幸存的双胞胎，而他们本是留给门格勒做实验的

生性关系。这项法案还剥夺了犹太人的德国公民身份和大部分权利。希特勒还发布宣传片，蛊惑德国人相信自己是不朽的，还解释了是犹太人的基因结构令他们成为寄生虫。在1938年的"水晶之夜"中，纳粹在德国各地抢劫烧毁犹太教堂、医院、学校、住宅和商铺。犹太人被赶出家园，被迫进入犹太区。在当时，犹太人被大多数人认为是次等人，而犹太人也被他们遭受的野蛮行为吓坏了。恐惧、孤独、没有任何权利是犹太人当时的写照。这为希特勒执行他的"最终解决"提供了完美的环境。

在1942年年初举办万湖会议后，德国决定专门设计用于杀戮的集中营。万湖会议确定了消灭所有犹太人的目标，并将其命名为"类人猿行动"。执行这项任务的责任落到了纳粹中校阿道夫·艾希曼（Adolf Eichmann）身上，也是他负责将犹太人集中赶到犹太人区。波兰建立了3个主要用于杀戮的集中营：贝尔泽克集中营、索比波集中营和特雷布林卡集中营。奥斯维辛二区也被设计为集中营。

目前为止，奥斯维辛是规模最大、最有组织的集中营，其有3个不同的营地——死亡营比尔克瑙、强制劳动营和集中营。奥斯维辛面积超过30.5平方千米，由大约6000人守卫，夺去了超过125万人的生命。比尔克瑙是纳粹体系中最大的杀戮中心，是种族灭绝的核心。相比之下，另几个纯粹的死亡营则要小得多，只有几百米长，专为快速、"有效"的屠杀而设。例如，特雷布

▲ 布达佩斯的犹太女性被抓捕,被押走。受害的犹太人中有十分之一是匈牙利人

▼ 货运火车被用来将犹太受害者们运往死亡集中营。其中很多人在旅程中就死了

▲ 这张照片展示的是德国魏玛集中营的焚烧炉。其中的反纳粹德国的女性尸骨还依稀可见

◀ 如果有人被选中到右边，说明他要去做苦力；左边列队的人们是要被直接处死的。而当时的犹太受害者们还不知道这些

▲ 犹太人被要求在公共场合戴上星星标志。这是纳粹非人化犹太人过程的一部分

那些还活着的人则被迫与腐烂的尸体一起待在车上。最长的囚犯运输之旅持续了18天。党卫军打开车门时，常常发现的是成堆的尸体。

到达死亡集中营的人了解到的是那里只是一个收容所，他们很快就会继续上路。而事实上，这些存活下来的囚犯是少数的"幸运儿"。只有身体健壮的人会被选中带走，把在毒气室中死去的人埋掉。在所有营地中，人们被迫把财物留下，并到室外接受筛选。首先，他们被按性别分开，然后党卫军士兵会评估他们的健康状况。小孩、孕妇、病人和残疾人是第一批被处以死刑的人。因为不能在营地里从事体力劳动，所以他们对纳粹而言没什么用处。大多数有小孩的妇女也被处死，因为将她们和孩子分开会引起骚动，而且营地人员最主要的是要保证行动有序和有效。那些14岁以上并被认为"适合"从事体力劳动的人则被送到装载坡道的另一边。这拆散了许多家庭，而家人们也不知道自此之后他们此生都不复相见。

纳粹非常注意如何实现最有效的杀戮。他们进行了多项实验和大量研究，以确定最有效的快速杀人方式。这个方法要确保每个人都能死掉，没有人能逃掉，也没有人能意识到发生了什么，根本来不及思考。最后，纳粹在大多数营地里采用的杀人方式是释放毒气。最初，他们使用的是一氧化碳，但其后又开发了杀虫剂齐克隆B——纳粹发现用它杀人更有效。为了虚伪地维持表面上的安全，纳粹告诉受害者们要脱掉衣服接受"洗涤和消毒"。通常完成这一步骤的是犹太囚犯自己。他们还要帮助亲属脱掉衣服，安抚彼此。

林卡位于人烟稀少的林地，是绝佳的秘密谋杀地点。

第一批载有囚犯的列车于1942年3月抵达比尔克瑙。不过，囚犯在到达比尔克瑙之前很久就开始经受折磨了。一路上，男人、女人和孩子都要被迫乘坐狭窄的无窗牛车。车里实在是太挤了，有些人只能站着。车里没有水、食物、洗漱设施，甚至不能通风。而最糟糕的是，车上的人无力掌控自己的未来。他们不知道要被送去哪里，也不知这悲惨的进程还会持续多久。甚至在到达营地之前，就有许多人死于饥饿或窒息，而

**等待他们的是阴暗、漫长的痛苦。马上要被行刑的囚犯将被脱去衣服，剃掉体毛，身上被文上臭名昭著的注册号码。**

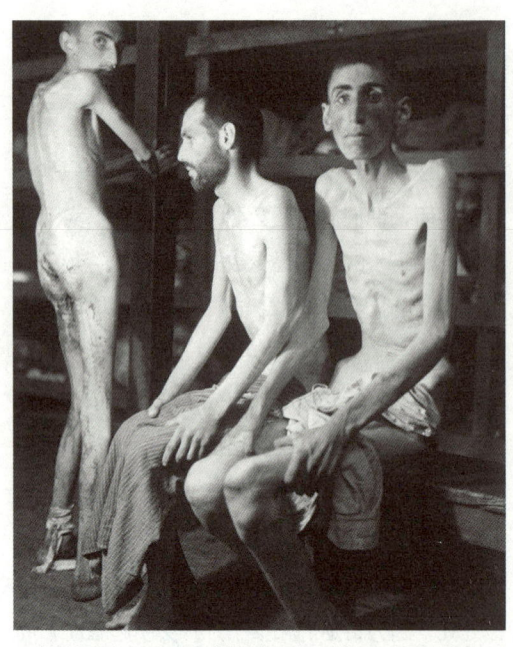

▲ 被关押在布痕瓦尔德集中营的囚犯的平均体重只有32千克

犹太人有一支安慰哭泣孩子的"别动队"。许多报道称,犹太孩子们走进毒气室时,会边抓着玩具边笑着唱歌。毒气室门的上方挂着诸如"清洁带来自由"之类的告示。甚至有党卫军士兵打扮成医生的样子在放毒气前检查每一位囚犯。不过,他们只是在检查哪个犹太人镶了金牙,好在他死后把金牙摘下来。

毒气室的门是密封的,毒气在齐克隆B颗粒释放后注入毒气室。这些颗粒被放在通风口处,气体会从房间底部缓慢上升,充满房间。毒气出现后,犹太人要奋力呼吸,会踩踏彼此并往天花板方向跳。于是在打开毒气室大门时,会看到受害者都是摞在一起的,其中最强壮的人会在最上面。这绝不是和平处决。许多目击者说,他们都能听到受害者的尖叫和求饶声。吸入毒气后,死者会耳朵出血,口吐白沫。

面对大规模的杀戮,纳粹的最大问题之一是如何处置尸体。最初,他们把受害者的尸体埋葬在乱葬坑中。但由于尸体太多,埋尸效率低下,于是他们改成将尸体火化。尸体被装入火坑中,由别动队中的囚犯操作。这些队员要在坑里生火,不时地转动尸体,烧干尸体上渗出的多余脂肪,而这些队员也很清楚自己有一天也会遭遇同样的命运。因为奥斯维辛集中营的屠杀规模太大,所以那里还造了一个火葬场,骨灰被埋在地下或倒进河里。虽然党卫军成员希望能把集中营的外观维护得相对安全,但即便如此,他们也无法掩盖阵阵腐臭味,那是由于燃烧尸体而从火葬场传出的可怕味道。

对于那些可以逃脱即时处决的少数幸运儿而言,等待他们的是阴暗、漫长的痛苦。马上要被行刑的囚犯将被脱去衣服,剃掉体毛,身上被文上臭名昭著的注册号码。接下来,会有人为他们消毒:或用沸水给他们洗烫水澡,或用冰水给他们洗冷水澡。之后,囚犯要穿上条纹睡衣和很不舒服的木底鞋。几乎没有囚犯穿的鞋是符合自己尺寸的。他们的个性或自由等各个方面的权利全部被剥夺。

奥斯维辛-比尔克瑙被伪装成了一个工作营,门上印有"工作让你自由"(德语"Arbeit macht frei")的标语。即便如此,纳粹集中营从未打算释放绝大多数的犹太人。纳粹的真正意图是通过劳动、劳累、饥饿和疾病把囚犯逼死。那些从毒气室中幸免的人并没有获得新生的机会,他们只是被送上了一条更慢、耗时更长的死亡之路。

纳粹做了一切准备,保证这些犹太人必死无疑。他们建造了木制或砖制营房,容量是40人,但纳粹通常会在里面关押超过700名囚犯。营房里没有合适的床,只在木制地板和泥地上铺草席,而营房旁边是没有卫生设施的。虽然营房里有炉灶,但没有提供燃料。这些营房肮脏、拥挤,而且寒冷,是疾病的滋生地。冬天尤其残酷。在波兰气温骤降时,许多囚犯被冻死。

为囚犯提供的营房外的卫生设施很差,而

## 犹太人的反击

那些设法在死亡集中营中幸存下来的犹太人所遭受的痛苦并没有在获得解放时结束,有些人不希望过安静、平和的生活,他们只追求一件事——复仇。战后,约60名犹太人聚集在一起,其中大多数人是大屠杀的幸存者。他们成立了队伍,将自己称为"拿卡姆"(Nakam),也叫"复仇者",一起来到德国寻找他们的猎物——纳粹分子。虽然当年管理集中营的许多纳粹领导者已经受到了惩罚,但许多参与营地运作的纳粹分子并没有受到惩罚,还在继续生活。

该组织首先会确认谁是纳粹分子,然后会谎称自己是军警,并逮捕这些成员。这些犹太人会对这些纳粹分子进行报复,有时是将他们勒死,有时则是绞死,以将谋杀掩盖成自杀。有时也有纳粹的尸体在沟渠中被发现,他们被伪造成肇事逃逸的受害者,或者由于机械故障导致的车祸遇难者。复仇者中有一位成员原计划参与一项重大的复仇行动:他在前党卫军的拘留中心从事面包师的工作,计划在3000多个面包里下毒,导致数百人死亡。但是,这次面包中毒事件只是原先大规模谋杀计划的备选方案,原计划是给5个德国城市的供水系统下毒,希望杀死600万德国人,以一条德国人的命换一条犹太人的命。幸运的是,英国警方发现了其中一名成员车上的毒药罐,揭发了该计划,使其未能成行。这些犹太复仇者非常谨慎,所以我们不知道有多少纳粹分子的生命终结在他们手中。但复仇者传达的信息很明确——他们没有原谅,也没有遗忘。

> 这些犹太复仇者非常谨慎,所以我们不知道有多少纳粹分子的生命终结在他们手中,但复仇者传达的信息很明确——他们没有原谅,也没有遗忘。

▲ 犹太复仇部队由阿巴·科夫纳(Abba Kovner)组建。科夫纳是立陶宛籍犹太人。他发表了著名宣言:"我们不会像羔羊一样任人宰割!"

▲ 去他国寻求庇护的犹太人通常遭拒。"圣路易斯号"客轮上的难民被古巴、加拿大和美国拒绝入境

且十分危险。一开始，囚犯没有水可以洗澡或清洗。当水终于被引入营地时，人们发现水既脏又充满细菌。但囚犯别无选择，只能使用这种水。尽管这水肮脏恶臭，但每天还能洗漱，这给了囚犯自己还活着的感觉，以及对文明的一些念想——如果连这些记忆都失去了，那么获胜的就是他们的敌人了。

这些囚犯被迫过着野蛮人的生活，这些日子里当然是没有文明的记忆的。实际上，纳粹的目的就是为了击垮犹太人心中的价值观和世界观，直到最后剩下的只是一具具行尸走肉。囚犯每天只能睡很少的时间，天刚亮就被叫醒。在点名计数时，他们被迫穿着薄而破烂的衣服站立数个小时，无论天气情况如何。任何身体太弱、站不住的人都会被带走处决。傍晚，纳粹会再点一次名，这时会惩罚那些没有努力工作、表现出抵抗情绪，或身体太弱的囚犯。这些被惩罚的人是被抓出来的典型，展示了不守规矩会有怎样的下场。这些惩罚总是残酷且充满暴力的，最终都是以死结束。这种惩罚每天都提醒着囚犯：他们每一个人是多么死不足惜。

营地内所需要从事的劳动因人而异。最理想的工作是在党卫队办公室里的工作，其中，文书或管理职位通常由受过教育的妇女担任。但是，由于缺乏保护、没有权利，从事这类工作的犹太妇女往往遭到性虐待和强奸。而其他大多数人被迫从事体力劳动：在工厂从事重体力劳动、盖楼或在农场、煤矿里干活。囚犯的许多任务都是毫无意义的或具侮辱性的，而且他们几乎拿不到合适的工具和设备。例如，营地幸存者本·斯特恩（Ben Stern）谈到，他的一份工作是在寒冷的冬天里运输钢梁。20名男子分为两批，抬起一根巨大的钢梁，并听从指挥将钢梁放在某处。但是，当试着把钢梁放下时，他们根本做不到，因为这些人的皮肤已经被冻在钢梁上了。他们只能硬着头皮把手从钢梁上撕下来，手上满是鲜血。第二天，他们被迫将相同的那根钢梁扛回到原来的地方。纳粹让犹太人做这种重复的、毫无意义的劳动的目的就是要击垮犹太人的精神,消除他们所有的自我价值,让他们无力还击。

无穷无尽的劳动本就使囚犯疲惫不堪,而食物短缺更使囚犯的身体条件越来越差。纳粹提供的从来都不是实质性的食物,从来没有为囚犯身体所承受的体力消耗提供足够的能量。早餐通常是仿咖啡;午餐是汤,但是里面没有任何可以吃的东西,有时候只在碗里加点热水;晚上,纳粹会给囚犯一片薄薄的面包、一小片香肠或人造黄油,囚犯要一直这样坚持到第二天早上。囚犯几乎吃不到什么东西,身体越来越差。许多囚犯因此饿死。大部分人都流失了大量的肌肉和身体组织,看上去像个活骷髅。那些手快的囚犯会偷走尸体上的面包或靴子,利用它们换取一些能让自己存活下去的东西,比如一个睡觉的地方,或者一个洗澡的机会。

这些疲惫、痛苦、饥饿、随机的捕杀,以及火葬场上不断涌出的滚滚烟尘就是纳粹想要达到的效果。许多人死于饥饿和疾病,许多存活的囚犯已经完全放弃了希望。穆塞尔曼的受害者们双腿蜷缩,肩膀弯曲,头朝下,彻底绝望,放弃了所有生存的希望。大屠杀幸存者普里莫·莱维(Primo Levi)写道,如果他能"在一张图片里把我们那时经历的所有邪恶都体现出来,我会选择这张图片"。

不过,也不是所有人都放弃了希望。有许多人做出了抵抗,要么仅仅是继续实践其信仰,要么是写下日记,偷偷地藏起来,以此记录集中营内部发生的恐怖行径。当然,集中营里也发生过正面抵抗的事件。在火葬场脱衣服时,一名妇女从一名党卫队军官身上抢到一把枪,射死两名党卫军。还有一批波兰囚犯在修建排水沟时逃脱。

最引人注目的反抗事件之一是250名犹太别动队放火烧了火葬场,穿过围栏,跑到了外面。虽然最后他们还是被杀害了,但他们击毙了3名党卫军警卫,而那个火葬场再也没有被使用。

仅1940年5月至1945年1月,就有130万名囚犯被运至奥斯维辛集中营;其中90%是在抵达后被立即执行死刑的。"二战"期间,同盟军和自由世界的人们已经收到了有关大屠杀的信息,但直到这些囚犯被解放,他们才真正了解到那里到底发生了什么可怕的事情。1944年年末,苏联红军即将攻入德国,希特勒计划隐瞒集中营内发生的一切。于是纳粹停止释放毒气,摧毁了文件,烧毁或拆除了建筑物。在剩下的囚犯中,大约5.8万人还能走路,于是他们被命令步行撤离到希隆斯克地区的沃济斯瓦夫——距集中营约63千米。疲惫不堪的囚犯们被迫在寒冷的环境中行走,许多人没有穿鞋,任何摔倒或走得太慢的人都被当场击毙。在这场可怕的死亡之行中,又有约1.5万名囚犯死亡。

苏联军队偶然发现奥斯维辛时,发现了几千名患病而憔悴的囚犯,以及数十万件衣服、牙刷、眼镜和数吨重的人类毛发。红军医务人员急忙抢救幸存者,并建立了两所军队野战医院。不过,身心恢复是需要时间的。那些幸存下来的犹太人开始寻找自己幸存的亲戚,重建生活。许多人流离失所、孤身一人,只得生活在临时的难民营里,而后移民到其他国家,开始新的生活。然而,在目睹和经历了这些后,开始新的生活并不容易。即使已经脱离了带刺的铁丝网、不断上升的烟雾和党卫队警卫,那些在死亡集中营造成的创伤使他们在心理上仍然认为自己是囚犯,这一直困扰着他们。

# 库尔斯克会战

1943年6月5日—13日，苏联，库尔斯克突出部。

**随着入侵苏联陷入停滞，两个机械化大国正面交锋，进行了一场全球有史以来最大规模的装甲之战。**

1943年的"城堡行动"是德军在东线战场上发动的最后一场大型战役。希特勒在库尔斯克突出部发动了大规模攻击。他认为这次行动将会取得胜利，将"像明灯一样照亮全世界"。这是一场精英之战，德军和苏军都运用了自身几乎最高配置的军力和武器，投入了一场胶着了两年的大型战役。

虽然德军已经疲惫不堪，但他们拥有强大的虎Ⅰ重型坦克和"黑豹"式中型坦克，这也是自1941年入侵苏联以来，德军首次在装甲方面具备优势。这些坦克已经超过了苏联的T-34坦克和T-43中型坦克，而T-34和T-43坦克凭借倾斜的前装甲和76.2毫米口径机枪，曾是战场上的霸主。

与此同时，苏联红军的实力与两年前在巴巴罗萨行动中遭遇德国入侵时已完全不同。1943年年初，在大量炮兵的支援下，有超过1600万人配备了武装。斯大林声称，"炮兵是战争之神"。到1943年，苏联红军已拥有世界上规模最大、效率最高的炮兵师和近1万辆坦克。

在库尔斯克，这两支高度机械化的军队聚集在封闭战区，像两支顶尖的拳击手准备参加最后的总冠军决战。战争的结果也是一个分水岭。"斯大林格勒是战局开始的结束，"温斯顿·丘吉尔说，"但库尔斯克战役是战局结束的开始。"

德国计划双重包围库尔斯克突出部：在北部安排中央集团军，特别是莫德尔上将的第九军作战；而南部则安排南部集团军，和肯普夫战役集群和霍特上将声名赫赫的第四装甲师共同应战。这展示了德国令人生畏的实力，他们为此配备了2700辆坦克和突击枪。

对于斯大林、苏联高级指挥官朱可夫和华西列夫斯基元帅来说，他们的计划是先发动大规模进攻，在库尔斯克地区拖垮德国移动部队。他们将使用3条战线（相当于苏联的一个集团军）——中央阵线、沃罗涅日阵线和预备队方面军阵线——来击垮德国机械化部队，并很可能在德国领土发动大规模反攻。

在试图攻击德国装甲部队时，斯大林下令改变库尔斯克地区阵线。这在历史学家、库尔斯克研究专家丹尼斯·E.肖瓦尔特（Dennis E Showalter）的眼中是"战争史上最强悍的大规模防御系统"：三环型的矩阵可吞并近100万人、2万支枪和迫击炮、300支火箭筒和3300辆坦克。俄罗斯工程师铺设了超过800千米的铁丝网，埋设了近65万枚地雷。肖瓦尔特说，德军唯一的机会就是最后在7月挥动钢头大锤，释放威力。

几天内，德国和苏联两国发动了数次空袭和多轮枪击，而最终的重击发生在7月5日。德国的坦克舰队突然开始发动进攻，虎Ⅰ坦克和费迪南德狙击车打头阵，每队士兵携带100支，甚至200支枪一路挺进。接下来，约50辆中型坦克向前推进。在这个装甲阵的保护下，大量步兵在后面紧紧跟随。

这些德国楔子型的装甲被称为"装甲楔形阵"。据已故历史学家艾伦·克拉克（Alan

▼ 在T-34坦克越过沟渠时,苏军士兵在沟中等待

德军高级指挥官使用的战术和蒙哥马利在阿拉曼使用的相同。

Clark）称，这相当于摒弃了装甲部队的传统作战原则。事实上，德军高级指挥官使用的战术和蒙哥马利在阿拉曼使用的相同，不同之处在于这次防御方的装甲与攻击方的数量相当，或者说，作为防御方的苏军装甲储备更大。做出这样防御准备意味着苏联还保留了很多坦克。这在普罗霍罗夫卡的大型冲突中具有决定性作用。

7月5日，北部阵线的莫德尔上校从他的第九军中调度500多辆装甲车进行了一系列的交错攻击，但苏军的抵抗也是非常顽强的，使德军约一半的装甲车在当晚已无法运转。部分原因在于德军冲锋的两个营都使用了保时捷制造的费迪南歼击车进行了攻击。这些强大的机器，也被称为"象式坦克"，被设计用于打击坦克和大型反坦克炮。费迪南歼击车拥有200毫米厚的装甲，在静止枪位时可为枪体提供充足的保护。与此同时，歼击车88毫米口径的大炮会在T-34坦克进入射程之前就瞄准它。

**这些歼击车就像坐着的鸭子，步兵要在歼击车移动时上车，并从发动机通风板条上发射火焰喷射器。**

▼ 德军重装甲越过别尔哥罗德附近的苏军防护沟

但是慢慢地，费迪南德歼击车便与需要它近距离支援的轻型坦克和步兵分开了。歼击车的舱体是静态的，也没有机枪，对苏联步兵而言，这些歼击车就像坐着的鸭子，步兵要在歼击车移动时上车，并从发动机通风板条上发射火焰喷射器。不过，也是由于费迪南德歼击车在苏联的第一道防线上做出了艰难努力，最终使德军步兵进入突破口，但这些歼击车有一大半都坏在了战场上。

7月5日上午，德军第四装甲军在南部发起了进攻，并沿着48千米的前线推进。根据库尔斯克研究专家马克·希利（Mark Healey）的说法，在沃罗涅日阵线上，德军用700辆坦克和突击炮直接攻向苏联第六近卫军，但是后者的防御根深蒂固，导致德军的进攻陷入停滞。最终，德国空军的空中优势开始显现，第四装甲师成功将第六近卫军一分为二。

突出部南部和北部的战斗都十分激烈。12小时内，双方都在库尔斯克战役中大量补给了战斗人员。大量的地面攻击机在战场上扫射。按照著名历史学家约翰·埃里克森（John Erickson）的说法，装甲车持续"大规模移动"，而这种规模在战争中的任何地方都不曾见过。

为应对德军的攻击，苏联坦克军队逐渐移动到其主要的防御位置。这里有近7000辆德军坦克正在缓慢驶入这场大型的装甲之战中。战场上留下了越来越多的濒临失灵的舱体。苏联发布的一份公报称，战役第一天，586辆德军坦克被炸毁或失灵。

7月6日，即城堡行动的第二天，阴云阵阵，大雨倾城。在库尔斯克突出部北部，苏军发动了黎明反击。罗克索夫斯基将军的中央阵线取得了暂时的胜利，而德军一支250人的装甲部队和步兵阻拦了中央阵线的步伐。在这一整天中，中央阵线和第九军陷入了似乎无休无止的战斗之中。

德军的攻势仍在进行。莫德尔旨在将奥尔霍瓦茨卡作为主要战略目标，因为在这一制高点可以控制作战地区的东部、南部和西部。苏军也认定，这个地区具有重要战略意义，因此，在城堡行动开始的几周内，便已在奥尔霍瓦茨卡设置了最牢固的防御工事。由虎Ⅰ重型坦克打头阵，德国的装甲楔形阵不断推进。7月6日中午，在索博罗夫卡和波内里之间长约10千米的前线上，德军还剩不到1000辆坦克。

苏军再次展现了强大的防御能力，而莫德尔的装甲军一次又一次地陷入困境，但他不屈不挠。7月7日和8日，莫德尔再次尝试重新部署大批飞机，希望击穿苏军的反攻。不过，苏军的隐蔽做得太好了，使德军的进攻再次陷入停顿。"破掉的装甲车残骸象征着第九军的前进，"希利写道，"无形地证明了莫德尔的进攻势头已经开始减弱。"

与此同时，在库尔斯克突出部的南部沿线，对德军来说，似乎第二天的城堡行动很有获胜的希望。霍特的第四装甲精英部队和武装党卫军第二装甲军已经进入苏联的第一道防线，似乎已经准备好在7月6日早上向第二道防线挺进。

沃罗涅日阵线的指挥官瓦图京将军建议立即进行反击，但马上被一名高级军官阻止。他强调山虎式和黑豹式的大型炮塔射程更远，造成的破坏更大。这名军官还认为，瞄准T-34坦克，构

> **苏军再次展现了强大的防御能力，而莫德尔的装甲军一次又一次地陷入困境。**

# 普罗霍罗夫卡之战

1943 年 7 月 12 日

**1. 党卫军坦克行进**

在德军的楔形作战方案中,希特勒卫队师和骷髅装甲师负责冲锋。虎式坦克在前面开路,德军的三号和四号轻型坦克紧随其后。而苏军发动了连环炮击作为回应,并在后续作战中将装甲车用于战场。

▲ 库尔斯克战役中,苏联炮兵在德军装甲的攻击下伤亡惨重

筑一道防御火墙,反而更有利于德军。

尽管如此,在德国空军的帮助下,德军的装甲部队还是快速穿过了苏军的防线。7月6日晚,党卫军装甲军在苏军第二道防线上开火。第二天天气很冷,双方军队在逐渐褪去的薄雾中战斗,而德军却稳稳地向小镇奥博扬推进。这个小镇在库尔斯克南部防线上。

7月7日一早,装甲步兵和德国空军共同支援了400辆装甲车攻向沃罗涅日阵线的第一坦克军,该军在猛攻下有所动摇。到7月10日,霍斯的第四十八装甲军占领了第244.8号山,这是德军为了抵达库尔斯克而攻下的最北点。与此同时,党卫军装甲军从苏军的防线中攻出一条路,重组部队,意图在普罗霍罗夫卡发动重大攻击。

如果成功的话,将有望瓦解苏军在南部的反击。

再回到突出部的北面。莫德尔继续努力进攻波内里,激烈的肉搏战爆发,这使波内里获得了"库尔斯克的斯大林格勒"的称号。双方的战斗陷入了胶着。7月10日晚,莫德尔将他最后的储备军投入了战斗。虽然到7月12日,莫德尔的部队占据了村庄的大部分地区,但是苏军的防御太强大了,第九军无法实现全面突破。当德军收到情报表明苏军准备向奥廖尔突出部发动主攻时,中央集团军将第九军的部分队伍从行动中撤出,而莫德尔的攻击也随之停止。

7月11日晚,虽然德军正在入侵苏联南部的区域,但斯大林和各位将军依然没有失去信心。莫德尔当时所处的位置包围着波内里,倚靠着霍

> 在阴天、温暖且潮湿的环境下，普罗霍罗夫卡坦克大决战开始。当天还下起了大雨，响起了阵阵雷声。

特在突出部南部的军力，这也使得莫德尔能够自由调配他的装甲后备力量，也就是预备队方面军阵线的第五近卫坦克军。

斯大林也意识到最后之战即将拉开。而德军将第五近卫坦克军划归到瓦图京将军指挥的沃罗涅日方面军。这一举动也推动了普罗霍罗夫卡苏德坦克大决战的爆发——人们眼中库尔斯克决定性的时刻。

"所有传说中的神秘杀器都在眼前了，"肖瓦尔特对即将开始的战斗这样描述，"普罗霍罗夫卡之战是世界两大最强军队中的精英部队进行的正面的、激烈的一战，双方在5千米的战线上开战，没有空军和炮兵的花哨操作，也没有其他影响肉搏的空间。"

德国第二党卫队装甲军吸纳了装甲掷弹部队"希特勒卫队师"（Leibstandarte）、"帝国师"（Das Reich）和"骷髅装甲师"（Totenkopf），开启了与苏联第五近卫坦克军的对抗。这两个精锐部队在作战时相遇，"这就是一场字面意义上的遭遇战，显示出德军一贯的捕猎心态"。其他苏联部队也加入了战场，包括第五近卫队、第一坦克军和第六卫队的一部分士兵。

德国第四装甲集团军上校霍特的装甲攻势穿透了苏军的防御线。在"苏军这道如薄膜般的剩余防线上形成防御性结痂"之前，霍特很想继续攻入，克拉克写道。

与此同时，来自"肯普夫"分遣军的第三装甲军的部队正向北行进，以便和第二党卫队装甲军汇合，使苏军匆忙与霍特部队交战。苏军意识

到德国虎式和黑豹式坦克的射程比T-34坦克更远，于是试图将作战方式转成近距战。

根据库尔斯克历史研究学家劳埃德·克拉克（Lloyd Clark）的说法，苏联在这场战斗中过高地估计了德军坦克的实力。克拉克说，德军没有在普罗霍罗夫卡布置任何黑豹式坦克或费迪南德歼击车，且第二党卫队装甲军只配备了15辆虎式坦克——骷髅装甲师有10辆，希特勒卫队师有4辆，而帝国师只有1辆大型虎式坦克。但其他历史学家并不同意克拉克的说法。

无论真相如何，希特勒卫队师、帝国师和骷髅装甲师都开始发动了攻击。在阴天、温暖而且潮湿的环境下，普罗霍罗夫卡坦克大决战开始。当天还下起了大雨，响起了阵阵雷声。德军配备了大约600辆坦克和突击炮，苏军配备了900辆（虽然其中只有约三分之一是T-34坦克）。7月12日一早，战斗打响，战火持续了一整天。德国空军在上空飞行。德军在战争中依旧保持了空中优势，尽管空军的贡献并不大。

希特勒卫队师和骷髅装甲师首先以楔形队形前进，并用虎式坦克打头阵，在向前开动之前停下来卸载强大的88毫米口径炮弹。大约早上8点30分，苏军阵线发动了一场15分钟的炮击，第五近卫队坦克军迎头冲向了德军装甲部队，试图近距离战斗。

很快，数十辆坦克加入，这使战局更为混乱。近距离作战时，坦克配备更少的一面装甲更容易被击穿。坦克的舱体着火后产生的浓烟弥漫战场，使炮兵很难瞄准。党卫军装甲部队全天都顶着压力，德军非常想让分遣军的第三装甲军参

▲ 库尔斯克会战中，苏联士兵向德军开炮

**库尔斯克会战使苏联红军获得了作战主动权，随后转而向柏林挺进。**

战。如果它们可以加入这场战斗，那么一定会为德军带来优势。但是，第三装甲军无法及时突破阵线，党卫军在没有更多地面支援的条件下不得不为普罗霍罗夫卡而战。

历史学家认为，为了打破战场西部的苏军防线，希特勒卫队师和帝国师发起了最后攻势，但第五近卫坦克军指挥官罗特米斯特罗夫元帅动用了最后储备，坦克同敌军装甲迎头相撞，使阴暗的天空烟尘弥漫。一直到当天夜晚，激烈的战斗还未停止，但苏军已经完成了自己的使命——止住了德军的进攻。

据估计，在第五近卫坦克军中，有超过一半的坦克受损。"7月12日，党卫军取得了战术上的胜利，"肖瓦尔特写道，"普罗霍罗夫卡不是虎式坦克的墓地，而是一个T-34坦克的废品场。不过从操作层面而言，更胜一筹的是苏联红军。"普罗霍罗夫卡耗尽了德国这个战争机器的最后一滴血。战场上有约300辆遗弃的装甲车。尽管有些已经遭到破坏，但阵地仍属于苏军。

7月13日至15日，德军装甲军团仍对苏军的防线发动进攻。但实际上，战斗已经结束了。7月13日，希特勒叫停了城堡行动，而苏军发动了大规模反击行动——库图佐夫行动，目标是攻击在奥廖尔突出部沿线的德军中央集团军。库尔斯克会战使苏联红军获得了作战主动权，随后转而向柏林挺进。而对希特勒和国防军来说，失败则越来越近了。

▲ 这座纪念碑矗立在普罗霍罗夫卡,以纪念这场战役

## 此刻事件

在突出部战役中,一辆德国坦克在向前推进,而美军战俘在向后行进。希特勒希望将美军和英军分开,让他们分别投降。

# 希特勒的复仇：阿登高地

第二次世界大战期间，德意志第三帝国的最后一次主攻由希特勒策划。这场战役耗费巨大，严重削弱了德军在1945年春抵御苏联进攻柏林时的能力。

概括来说，希特勒计划用两个坦克师袭击143千米长的阿登前线，这一前线只有特洛伊·米德尔顿手下的第八军驻守，而第八军只有8万名士兵。

▲ 这张从受俘德军的胶卷中找到的图片，展示了步兵从燃烧的美军车辆旁经过

每年12月，人们都会忆起1944年冬天的阿登战役。那是继诺曼底登陆后，德军向同盟军发起的最后一场大规模攻击。阿登战役于12月6日开始。当天天气很冷，德军打了同盟军一个措手不及。虽然德军一开始取得了几次胜利，但德军的进攻在圣诞节前中止。而到了1月中旬则彻底失败，双方死伤人数各达8万至10万。

## 守卫莱茵河

概括来说，希特勒计划用两个坦克师袭击143千米长的阿登前线。这一前线只有特洛伊·米德尔顿（Troy Middleton）手下的第八军驻守，而第八军只有8万名士兵。在第一波攻击中，20万德军、600辆坦克和其他装甲车辆

▲ 在这位向部队释放信号的德国士兵身后,是一辆一半被毁的美军卡车

德军这次行动最初的代号为"莱茵河上的守望"（Wacht am Rhein），由元首亲自策划。人们通常认为这次进攻起源于9月16日在"狼穴"（纳粹在东普鲁士的总部）召开的一次会议。当时希特勒突然要求发动大规模武装反击，并寻求空中支援，以夺回刚刚失守的安特卫普。进攻将于11月1日开始，那时通常云低雾重，可使同盟军的空军无法起飞作战。

希特勒选择安特卫普是具有战略意义的——他知道这个港口将重新平衡同盟军的物流情况。在那之前，英国、美国和加拿大的军队不得不在供给上下很大功夫——花费高昂的燃料成本——要从诺曼底海滩480千米处运往前线，因为当时的同盟军没有其他运输的港口。若使用安特卫普的港口（不可否认的是，德国占领的通往安特卫普的斯海尔德河岸尚未完全被征服），则可以把运输路线缩短三分之二，可使同盟军最大限度地部署其庞大的物流资源。

我们现在了解到的情况是，实际上早在7月31日，希特勒就命令齐格菲防线，也就是德国西线的防御重新配备武装，重新增派力量。令人惊讶的是，他还命令国防军最高统帅部（OKW）的约德尔将军研读"1940年经典案例"的相关文件——也就是在那次，德国成功通过阿登高地，攻击了法国。

因此，在同盟军前往齐格菲防线后，希特勒似乎预见到了诺曼底失败。国防军最高统帅部历史学家、战前历史教授珀西·施拉姆（Percy Schramm）少校找到了1940年的文件，里面记录了希特勒最喜欢的将军埃尔温·隆美尔的事迹。文件记录了他如何在短短3天内带着第七装甲师在树木繁茂的阿登高地中穿越比利时和法国的防线。因此，人们通常认为9月16日的会议是希特勒一拍脑门做出的决定，但实际上这是国防军最高统帅部的工作人员经过数周计划和研究得出的结果。

分析一下9月16日在"狼穴"中出现的那些人可以看出，这是一次平常的军官集会，但在听取了情况报告之后，希特勒与其中的几个人进行了秘密会谈。在这次会议上，他宣布了他的反击计划。在第二次会议上，出席人员包括党卫队、德国空军和外交使团代表——这份参会人员名单似乎是经过精心挑选的。我们现在可以得出结论，这次作战行动实际目的是希特勒试图重新加强他对第三帝国的控制。

7月20日，克劳斯·冯·施陶芬柏格（Claus von Stauffenberg）上校发动了刺杀希特勒事件，希望将希特勒炸死。而这次事件也使希特勒非常震惊，使他从很多事务中抽出身来，同时他的健康情况也与日俱下。希特勒还认为这次失败的暗杀会鼓励第三帝国中的其他团体发动另一场政变，但如果他能够在下一步取得一场大战胜利，则可能会减少自己被刺杀的机会。当然，希特勒最大的胜利是1940年5月至6月对法国的征服——其中，阿登战役首战告捷。

## 市场花园行动的教训

从艾森豪威尔盟军远征军最高司令部（SHAEF）到向下的每个级别，同盟军都认为，从1944年8月下旬开始，在诺曼底胜利之后，德军的消耗已超出负荷，战争可能在圣诞节前结束——艾森豪威尔的工作人员称之为"欢乐的假设"。因此，在9月16日希特勒指着地图，解释要如何向193千米外的安特卫普发动大规模进攻的同时，同盟军也在准备类似的行动，这丝毫不令人意外。

几乎在同一时刻，英国第三十军团中将布赖恩·霍罗克斯（Brian Horrocks）正在向他的军官介绍一个大胆的同盟军行动计划，准备攻下一

▶ 1944年12月，巴斯镇。美国士兵旁的难民正在撤离

条96千米长的战线，深入位于荷兰的德军战线——"阿纳姆目标"中。"欢乐的假设"旨在攻克西部的德军，而这一假设将很快在第二天的市场花园行动中实施。

此次行动后，双方都应该从失败的空袭中学到更多。训练不足的德国空军和作战群，被急匆匆地召唤到市场花园作战区与党卫军一起联合作战。而这种组合应该给同盟军敲响警钟，因为正是这种老与新的组合使德军在12月16日拿下了阿登高地。

如果霍罗克斯的第三十军团不能在具备空军优势且天气条件良好的情况下穿越96千米抵达阿纳姆，那么对德军而言，从阿登高地到安特卫普的距离是前者的两倍，又怎么可能在没有空军掩护且天气状况不好的情况下胜利呢？

希特勒执意完成自己的计划。有军官建议缩小计划规模，或干脆取消计划，而希特勒将之拒绝。

市场花园行动给了希特勒灵感。他想将伞兵降落纳入作战计划（白克里特之战后，德军很少使用伞兵）。美军用他们俘获的德军军备在亚琛街头开战，这也充分激起了希特勒的想象力，他把他最喜欢的党卫军指挥官都集结到了司令部。中将奥托·斯科尔兹内（Otto Skorzeny）受命招募一支能讲英语的突击队队员——特意穿着美国大兵的军装，开着美国车——驶进美军战线，制造混乱。

在危机时刻，元首开始依赖斯科尔兹内，一个高大的、脸上有伤疤的奥地利人。1943年7月，他从意大利中部救出了被俘的墨索里尼。一年后，斯科尔兹内又协助粉碎了7月20日柏林中心的阴谋。这位党卫队军官是希特勒的门徒——一个非常有能力、有魅力的人，一个天生的商人和在自己领域里有号召力的领导者，不管怎样都能"把事情做好"。战争结束后，他依然对自己的上级和理想忠心耿耿。

希特勒在斯科尔兹内眼中看到了"真正的信徒"的光芒。显然，他很信任斯科尔兹内，因为斯科尔兹内是最早被告知计划的人之———甚至连最终发动攻击的现场部队和指挥官都是后来才知情的。回溯起来，德军在作战时广泛使用现代化的特种部队，而很少使用斯科尔兹内型的部队，这令人惊讶：在这次的计划中，德军实际上打了一场非常"传统"的战役。

## 进攻开始

至于"秋雾计划"（行动的最终代号）是如何令同盟军措手不及的，人们依然争论不休。部分原因源于"欢乐的假设"。这个假设使艾森豪威尔的远征军最高司令部认为德军必败。因为有了这样的乐观情绪，所以无论是空中侦察、信号拦截，还是在审问战俘时，哪怕得到了相反

**希特勒执意完成自己的计划。有军官建议缩小计划规模，或干脆取消计划，而希特勒拒绝了。**

的信息，同盟军依旧无视这些情报，坚信自己的判断。布莱切利园的战略情报也中断了。随着第三帝国逐渐陷落，同盟军认为不需要通过恩尼格玛密码机（布莱切利园可以解密）来发送加密信息。相反，他们安排官员亲自传送手写命令。其实警报一直都在那里，但和恩尼格玛密码机所破解的一些情报一起被束之高阁。恩尼格玛密码机破译出了德军士兵和军备正在向阿登高地移动，解密出德国空军集中大批飞机准备行动——而这些都被误解成德军在部署战斗机，以应对同盟军的炮兵舰队。

经过多次推迟，"秋雾计划"终于在12月16日启动。由于战区当天起了雾，下了雪，所以作战日期定为了那天。这是由驻扎在北大西洋的德国潜艇在前一周发回的报告。布莱切利园拦截了这个信号，但没有标注这条情报的重要性。

早上5点30分，一阵巨响将树林炸开，使笼罩在阿登高地的薄雾顺势破散。土地震动起来，一颗颗的石子和炽热的金属从地面上飞起。同盟军士兵窝在战壕、地堡和征募的房子里，疑惑发生了什么。而此时的第三帝国将自己拥有的每一颗子弹都投向了这块土地。炮弹瞄准的是指挥部总部、炮兵阵地和通信站。不一会儿，数百名掷弹兵在黑暗中涌出，迅速奔向前方阵地。

希特勒命令两支坦克部队——迪特里希的第六军和曼陀菲尔的第五军——在掷弹兵后出击。这和1940年5月进攻同一片地点时的策略相反。当时的策略是装甲先行，步兵在后。当时，隆美尔的第七装甲师用了3天抵达默兹河。而此时元首制定了雄心勃勃的时间表，号召部队在两天内

▶ 1945年1月，比利时，第八十七步兵师的车队穿梭在瓦勒罗德树林中

▼ 1945年1月，在巴斯通附近的维尔兹的美国士兵

# 马尔梅迪大屠杀

在血腥的阿登战役中,有一个至暗时刻。可能出于绝望、报复,亦或仅是为了散播恐怖,党卫军杀害了113名美国战俘。

▲ 约阿希姆·派普最终因战争罪获刑,被判监禁12年

12月17日下午,马尔梅迪郊区,党卫军上将约阿希姆·派普(Jochen Peiper)带队截获了美军车辆并击毙了美军士兵。在这次臭名昭著的大屠杀中,113名已投降的美国士兵被枪杀,其中43人幸免于难。《时代》杂志的杰克·贝尔登(Jack Belden)和美联社的哈尔·博伊尔(Hal Boyle)碰巧在附近,便立即记载了这一滔天罪行。此后,美国第一军没有审查,便将消息传播了出去。

为什么会出现这样的事件?从本质上讲,党卫队的大部分战斗都是在东部战线进行的,对苏军和平民如此杀戮是很常见的,甚至这种行为是受鼓励的。派普事先还向他的手下吩咐:"在即将到来的行动中,我们的军队有责任无所顾忌地开战……即将到来的任务将是赢得战争的最后机会。敌军必须对党卫军的到来非常忌惮。"另外,国民掷弹兵对美军士兵和平民的其他小规模屠杀也被记录了下来。这些消息发表后,同盟军不仅增强了抵抗的决心,而且也开展了一系列针对被俘德军的暴力行为。这场在满地积雪上进行的战役彻底沦为了无尽的恐怖暴行。

派普的杀戮行为是对同盟军轰炸德国城市的一种回应,也可能表达了他对阿登战役进展之慢的挫败感。他知道,鉴于同盟军所有的指挥官都在前线,美军最终会从突击中缓过来,会将巨大的战斗力集中用于对抗第三帝国。

▲ 在德军反击中被屠杀的比利时人的尸体在等待人们辨认,然后下葬

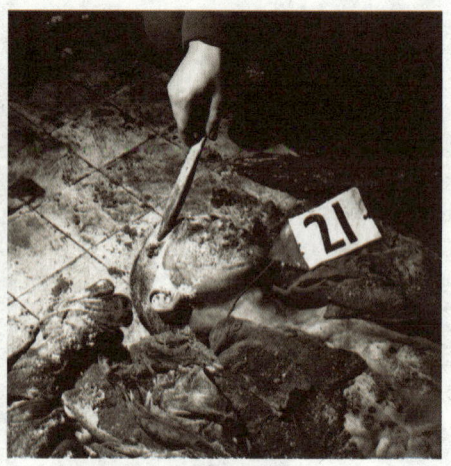

▲ 马尔梅迪大屠杀后的一具美军士兵尸体

**敌军必须对党卫军的到来非常忌惮。**

——党卫军上将约阿希姆·派普

达成相同的目标，但这次作战时值隆冬时节，天气极差。

一开始，德军的运气不好。掷弹兵需要骑马（德军安排了5000匹马到突出部），他们用的炮弹大都还是"一战"的旧版，或是从法国、苏联俘获的战利品。这些掷弹兵的作战效率高低不同，这主要取决于指挥官的水平和他们自身受训程度的高低。除了Stg44突击步枪外，他们主要的制胜法宝就是出其不意。这种轻量型突击步枪弹仓标注一次可打25发，是AK-47突击步枪的直系祖先。Stg44每分钟可打500发。掷弹兵拿到这种枪后只能增大火力，以掩盖自身武装数量的不足。查尔斯·麦克唐纳德（Charles MacDonald），北部第二师初级军官回忆，"轻武器射出的流弹在树林中快速穿梭"，然后很快，"听上去像1000支步枪同时开枪一般，响彻森林。到现在为止，已经没什么可疑惑的了。我们的士兵甚至能看到冲来的敌军的帽子"。这是掷弹兵们掌着Stg44突击步枪来到同盟军眼前的场景，也是麦克唐纳德在他著名的《连长："二战"的经典步兵回忆录》中所描绘的画面。

在南部，埃里希·布兰登贝格尔（Erich Brandenberger）的第七军在抵达前线之前需跨越水面障碍，却由于几乎没有桥梁部队而

特里希迅速受到了阻碍。正如曼特菲尔所预测的那样，直到12月17日才取得一点进展。那天，属于党卫队第一师的一个装甲队突然破除瓶颈，把步兵留在后面，独自深入美军战线。党卫军上校约阿希姆·派普（Jochen Peiper）的部队在当天晚些时候参与屠杀了70名投降的美国士兵，即马尔梅迪大屠杀。

问题在于，阿登高地的地形对入侵者很不利。在从东到西涵盖主要市镇的路线中，他们可选的只有几条，包括巴斯通和圣维思。为防卫这些区域，重要的是要控制住道路和每个路口之间的居民点。美国士兵在抵达欧洲之前接受的严格的训练意味着防卫每一个交叉路口都有一套战术方案，而大多数人都在阿登高地独立使出了这套方案，最终阻拦了前行的德军。1940年5月，比利时和法国在开战早期就放弃了对这些中心的控制，向德国投降。这也就解释了为什么1940年和1944年对阿登高地的防御会有截然不同的两种命运。

森林、丘陵和深谷的天然地形将防御者和攻击者从他们的主力军中分离出来。对美军来说，这场战斗被认为是德军的一次本地战。有人评论，直到12月18日，"我们最终开始意识到我们所打的不仅仅是国防军的一场破坏战"；而另一位评论，"12月20日我们才发现，这是突出

# 派普战斗群的乱象之路

尽管恶劣天气和同盟军的顽强抵抗阻碍了德军的进程，但约阿希姆·派普的装甲部队却在阿登之战中成功突围。

### 4. 包格涅兹岔路附近大屠杀

12月17日12点30分，派普在包格涅兹和马尔梅迪中间的村庄遇到美军第七装甲师分队。美军迅速投降。不过，德军大肆向战俘开枪，引起大规模恐慌。113人被枪杀，部分逃脱。

### 5. 斯塔维洛攻击

12月18日，派普袭击了斯塔维洛，但未能在美军撤离油库前攻陷该镇。3辆坦克试图攻下安布莱维桥，但在最前面的坦克被地雷炸毁。在激烈的坦克战后，由于美军工程师未能炸毁桥梁，德军最终攻入斯塔维洛。

### 7. 最后一攻

12月19日凌晨，派普攻向斯图蒙，打了美军一个措手不及。在两个小时的坦克战后，派普拿下了斯图蒙。不过，很快美军就收复了斯塔维洛，这使派普不得不暂停作战。傍晚时分，派普退至斯图蒙，后又退至格拉茨，修筑防御工事。

### 6. 特鲁瓦蓬路线遇阻

派普派出一支先锋队攻向特鲁瓦蓬的重要桥梁，而将大规模兵力留在斯塔维洛。12月18日11点30分，在德军抵达时，美军炸毁了桥梁。派普向北迂回前往格拉茨，但遭美军战斗机轰炸。此次轰炸炸毁了坦克和半履带装甲运兵车，继而形成了路障。派普率军在格拉茨附近树林里休整。

1944年年底,艾森豪威尔已派驻了38个同盟军部队前往突出部,但随后天气恶化,友军和敌军的境况都更加糟糕。

50辆(真正的老将还是四号中型坦克),而虎式II号坦克重达70吨,对大多数桥梁而言都过重,每英里耗油3加仑,此外这种坦克还经常出现装备上的问题。派普在敌军行动前就有可能功亏一篑。针对突出部有很多传言,而与之相反的是,党卫军指挥官其实很不喜欢这些重型坦克,所以他让这些坦克开到先锋部队的后边。

## 艾森伯恩山脉、圣维思和巴斯通的反击

在派普驻地右侧,党卫军第十二装甲师迅速依靠艾森伯恩高地出线,而冯·德·海特(von der Heydte)上校的伞兵降落在了艾森伯恩高地。由于天气恶劣,大多数伞兵四散降落,或在降落中受伤,只有极少数伞兵降落在了指定地点,但也很快就被包围或被擒住。在党卫军第十二装甲师抵达艾森伯恩山脉后,美军指挥官在高地集结了23个炮兵营。这次在欧洲战场上集合的最大规模的炮兵火力(据一位美国士兵回忆,"比我以为我军拥有的炮弹还要多"),成功击退了德军的所有攻击。

自突出部战役结束后,艾森伯恩和圣维思的防御者对德军关注巴斯通这一行为持怀疑态度。这个小镇吸引了媒体的注意,但是战区北部的静态战争同样也很重要,只是没那么具有新闻价值。"静止性反击"没能成为新闻头条,虽然北部的美军坚定作战,击退了德军的每一次进攻。

斯科尔兹内的突击队队员穿着美军士兵的军

▲ 第一零一空军师的阵亡士兵,其在比利时巴斯通附近作战时阵亡

▲ 1945年1月24日,美军第二八九步兵团士兵正在行进。他们要去切断在比利时的圣维思和胡法利兹之间布署的德军

装,寥寥数人对美军后方造成了巨大的混乱,并在德军停滞进军时被很快召回。但是,他们使美军神经紧绷、动辄开枪,还击毙了很多无辜的美国人——双方总伤亡人数中的5%来自误伤。12月18日,在驾驶一辆吉普车时,掷弹兵指挥官莫宁中校被另一名假扮美军的德军杀害。

"突出"进入同盟战线的概念 [ 合众国际社记者拉里·纽曼(Larry Newman)于1944年12月30日创造了"突出"的概念 ] 与曼陀菲尔坦克舰队的表现密切相关。而正如曼陀菲尔预测的,他的舰队表现要远远好过迪特里希的党卫军,因为那里的地形更适合装甲车推进。但曼陀菲尔总是不能按照时间表完成作战任务,架桥部队设备不够优良,拖延了装甲部队进程,而掷弹兵也无法迅速攻下圣维特和巴斯通的中心线路。特洛伊·米德尔顿(Troy Middleton)将军的第八军团总部在巴斯通,他不愿离开。最后在第一军指挥官的坚持下,米德尔顿不情愿地离开了。

这两个城镇像磁铁吸引铁屑般牢牢地吸引住了曼陀菲尔的部队。他需要直接穿过这两个镇。如果绕路,在人员和装备上出现偏差会非常费钱,而第五军队已在圣维特和巴斯通耗时太久。在作战行动开始的一周后,即12月23日,圣维特沦陷——第七装甲师的布里斯·C.克拉克(Bruce C Clarke)准将进行了顽强的防御,拖延了曼陀菲尔近一周。

## 同盟军的反击

12月16日,当阿登战役开始的消息传到艾森豪威尔耳中时,他正在和奥马尔·布莱德雷(Omar Bradley)将军在巴黎开会。直到当天傍晚,这两个人才意识到德军这次发动的是全面进攻。奥马尔·布莱德雷是艾森豪威尔在西点军校的学生,如今他是美军第十二军团(第一军和

▶ 一名美军战士从巴斯通区域前线返回

第三军)指挥官。为关照布莱德雷的军队,艾森豪威尔派出自己的精锐储兵——第八十二和第一零一空军师,同第十二军团共同出战。第八十二和第一零一空军师刚刚作战出线,在兰斯修整,不过转眼就来到了突出部战役的前线。

第八十二师被派往北部前线;第一零一师被派往巴斯通。少校迪克·温斯特(Dick Winters)和五零六团E连伞降小分队("兄弟连")来到巴斯通外寒冷的雅克森林中。"兄弟连"差一点就没命了,因为同时抵达森林的还有德军装甲教导师。两军抵达时间只差了一两个小时。

伞兵由六轮卡车吉姆西和半挂车车队运往目的地。宪兵将所有能找到的车都集结起来,将车内的货物清空,把车开到空军基地。士兵只得挤着站在车的后部。1944年秋,同盟军供应不足,他们临时开通了"红球快线",一条由几千辆货车循环往前线的线路,才解决了同盟军的物流问题。在突出部战役中,他们故技重施。12月17日这天,1.1万辆卡车将6万人和作战所需供给运往前线战场。

"二战"成为卡车和燃料的战争。在开战第一周,第一军团将4.8万辆车运往阿登高地。第三军团的巴顿将军注意到,在这场长达1个月的战争中,他手下有17个师被转移到了比利时和卢

▲ 在阿登区域执勤的第六空军师狙击手，身着雪色防护服

森堡的不同地区，平均行进160千米。"红球快线"和阿登转移都只是因为美国拥有强大的制造力才得以实现。美国陆军军需兵需要中型2.5吨6×6轮式卡车，到1945年，美国就组装出了80万辆——一些是由斯蒂庞克和万国收割机公司制造，而超过50万辆是由通用汽车公司制造的，这也使通用汽车获得了"吉姆尼"的绰号。

第一零一师火速抵达巴斯通，后续各路部队也纷纷赶来，使得德军没能一举攻下巴斯通。作战供给人员和医护人员要么乘降落伞，要么坐滑翔伞抵达巴斯通。第二装甲师一直向西推进，目标是遥远的默兹河。而装甲教导师镇守在巴斯通的南边，于是他们包围了这个比利时小镇，开始围攻。入侵者迫切希望达成协议，于是德军将军吕特维兹男爵（Baron von Lüttwitz）向巴斯通指挥官、第一零一师准将托尼·麦考利夫（Tony McAuliffe）发出了投降的要求。

尽管手中士兵和武器数量都逊于同盟军，但吕特维兹虚张声势，希望美国人能投降。而他收到的则是一句不甚明朗的回复："笨蛋！"这是麦考利夫在战败时常说的一句话。据在场的一位官员后来称，这是麦考利夫在礼貌地告诉德军"去死吧"。12月26日，克里顿·亚当斯（Creighton Adams）中校的第三十七坦克营（隶属巴顿的第三军团）突然冲进巴斯通，拉开

了围攻的序幕。不过，巴斯通，这一通往突出部的走廊地带，多日来一直濒临沦陷。

## 薄雾散去

12月23日，第二装甲师的其中一支大队到达距离河流约5千米的塞勒。此时最接近默兹河的是第二装甲师，但是他们的燃料已耗尽。圣诞节当天，天气晴朗，目标在冰雪覆盖的地面清晰可见，这使美国P-38战斗机、P-51战斗机和用火箭发射的皇家空军台风战机能够炸毁一系列地面目标。"在一阵炮轰后，试图反击P-38闪电式战斗机的高射炮瞬间消失。"第二装甲师的战争日记如是记载。

当然，同盟军一直在努力终结"秋雾计划"，因为天气不会永远起着雾下着雪。唯一的问题是什么时候结束。在战线的某处，德军这座战争机器会被同盟军抓住并毁灭，而同盟军势在必得。

燃料是令德军头痛的另一个问题。和战争电影展示的不一样，德军各部队所采取的路线并不是基于美军的燃料库而定的。第五装甲军设法夺取了几个美军燃料库，但是党卫军上校派佩尔没能截获储存在斯塔沃格附近树林中的300万加仑燃料，因为他不知道那里有燃料。德军有汽油可用，但出于安全和欺骗的目的，保存在莱茵河河岸坡地。一旦发动攻击，由于沿线交通不畅，加之泥浆和积雪的原因，燃料无法快速运往前线。蜿蜒的道路和厚厚的积雪也使油耗增加，超出预期。这也使汽油成为整个战役中越来越引人关注的问题。

早些时候，艾森豪威尔同意将突出地区一分为二。英国第二十一集团军指挥官蒙哥马利遏制了突出部北部地区的进攻，进行了反击。这一决定是由艾森豪威尔做出的，因为第十二军位于

在卢森堡驻扎的德军的南部,而德军已经将布莱德雷指挥官的第十二军隔离起来,使其无法接近突出部另一边的第一军团。于是,霍奇斯上将和他的第一军团受到了蒙哥马利的控制;而布莱德雷控制了巴顿的第三军团,其中也包括米德尔顿的第八军团。虽然布莱德雷把这当作对他领导能力的侮辱,但是那些在蒙哥马利手下服役的美军将领还很认可他的战术,而不是他的个性。

阿登战役的最后一幕即将到来。双方的装甲武力都达到了顶峰,所有德军部队都缺燃料,缺食物,缺弹药。与此同时,布莱恩·霍罗克斯(Brian Horrocks)将军让英军某队沿着默兹河悄悄移动,阻止任何德军向西移动——说得好像德军还可以移动一样。人们常常忘记的是,霍罗克斯在上一阶段的战役中损失了1408名英国士兵,死者被埋葬在霍通。1944年年底,艾森豪威尔已派驻了38个盟军部队前往突出部,但随后天气恶化,友军和敌军的境况都更加糟糕。一个炮兵记录,元旦当天的气温为零下11摄氏度,但1月9日,气温暴跌至零下21摄氏度。此时,蒙哥马利的部队开始从西部和北部进攻,而巴顿的第三军从南部反击。

1月14日,霍奇斯的第一军团从北方进军,首次和巴顿的第三军团拉罗什取得联系。两天后,来自两军的大量装甲部队封锁了位于胡法利兹的突出部。1月23日,圣维特解放——当时只有3所房子可以居住。此次战争夺走了3000多名平民的生命。 虽然双方的伤亡人数差不多,但希特勒一方所剩的作战师很少。同盟军明面上损失了733辆坦克,但是国防军损失了600辆不可替代的装甲车,而这些装甲车本可在当年晚些时候的柏林之战中对苏联红军造成更严重的阻击。因此,从这个意义上说,苏联是"秋雾计划"的真正受益者。这是一场完全由希特勒策划的不合军事逻辑的行动,在开始之前就注定失败。

▲ 美国士兵看守德军战俘

# "秋雾计划"中的士兵

参与行动的士兵由身经百战的老兵、积极热情的志愿者和遭受诱骗的平民组成。

在纸面上,攻击部队的组成是这样的:第六军由武装党卫队控制;第五军由精英装甲编队控制;第七军由装备欠佳的步兵组成。而实际上,三军的先锋部队是一个新成立的步兵师,名为"国民掷弹兵"。这些部队都是在1944年秋天成立的,规模小于之前的德军。管理这些部队的军官和军士都是苏联战线的幸存者。大多数普通士兵年纪尚轻——希特勒青年团成员的最小年龄是16岁——其他成员是年轻时逃避征兵的那些人。这些人或是农民,或是铁路雇员、兵工厂的劳工,而他们的工作由妇女或熟练的劳工承担。

此外,无飞机可开的德国空军和无船可驾驶的德国海军人员被重新招募,成为德国步兵。德国的少数民族也被编入伍。还在养病的德军官兵也被迫提早出院,重返战场,加入新的作战部队。这些人中的大多数都不情愿作战。在从头开始学习作战打仗的几个月中,学得很慢,效果很差。第六军团指挥官,约瑟夫·"赛普"·迪特里希(Josef 'Sepp' Dietrich)是希特勒早期党派同僚、司机和保安。他被授命攻下安特卫普,因此受人瞩目。由于是元首最喜爱的部下,因此迪特里希的部队分到的工程师、架桥部队和

> **大多数普通士兵年纪尚轻——希特勒青年团成员的最小年龄是16岁——其他成员是年轻时逃避征兵的那些人。**

防空设备数量是最多的。此外,他还分到了拥有良好装备的第一和第十二装甲师。但人们忽略了一个事实,那就是迪特里希手下是国民掷弹兵组合队,而不是顶尖的党卫军。此前对党卫军的记录ารย重刻画他们的作战经历,而新的研究证实,到1944年,迪特里希吸纳了征兵、前德国空军、德国少数民族士兵,甚至一些坚定的纳粹志愿者入伍。由于培训不足,加上德军在诺曼底之战中损失了大量人员和设备,所有党卫军分支队伍的作战效果都大打折扣。一名党卫军上校向他手下的一名"甚至不会说德语"的乌克兰替任军官抱怨道:"我们什么都缺……没有车能送来迫击炮和反坦克炮……希特勒万岁!"

▶ 1944年8月,冯·曼陀菲尔上将

在由矮小结实的前奥林匹克运动员冯·曼陀菲尔男爵领导的第五军团中,出现了和坦克编队同样的缺点(第二、第一一六和装甲师部队),那就是和6月的诺曼底之战相比,他们只能派出一小部分装甲车和有经验的士兵发动战争。他们同样也得到了国民掷弹兵的支持——但这种支持是不可持续的。曼陀菲尔是一位具有战术意识的指挥官。他观察到和迪特里希相比,自己手下部队所在的地形更适合装甲车辆通行。他很失望地了解到,斯科尔兹内的突击队队员和伞兵的空中突击安排只是为了支持第六军团。

曼陀菲尔男爵向德军指挥部发出警告,相对较小的路障会阻碍迪特里希部队的前进之路,而他的第五军团面前是宽广的村庄,如果派遣伞兵、滑翔机或联合防御设备前来,对第五军团是十分有益的。这些建议都是为了改善作战计划,但都被总部拒绝了,因为希特勒不想对作战细节做一丁点的改变。而且,这些计划还妨碍了元首钟爱的党卫军发挥实力。这次作战计划是由希特勒制订的,在违背了元帅们想法的前提下最终实施了。

▲1945年1月,"赛普"·迪特里希将军在阅兵

西线总司令格尔德·冯·伦德施泰特(Gerd von Rundsted)起初持怀疑态度,但他观察后说道:"太荒谬了!哪怕我们能达到默兹河,我们都应该跪地感谢上帝。"更了解战役计划的是第二集团军元帅华尔特·莫德尔(Walther Model)。战前,他曾私下里说道:"这个计划完全无立足之地。"并向弗雷德里克·冯·德·海德特(Friedrich von der Heydte,支持迪特里希第六军的伞兵将领)表示,"整个计划的成功概率连10%都没有"。

·167·

▼ 第七装甲师的M4中型坦克排列在比利时圣维斯被大雪覆盖的战场上

早上5点30分,一阵巨响将树林炸开,使笼罩在阿登高地的薄雾顺势破散。土地震动起来,一颗颗石子和炽热的金属从地面上飞起。

▲ 柏林之战后，勃兰登堡门四周的满地碎石，和一架弹痕累累的卡车壳

## 大战役

德国柏林，1945年4月16日—5月2日

# 柏林之战

在纳粹德国的首都，
苏联红军结束了德意志第三帝国的统治。

▲ 维利·哈纳（Willi Hübner），希特勒青年团的16岁士兵，因勇敢而获得了二级铁十字勋章

苏军在柏林附近加紧围攻，发动了几次试探性攻击，测试柏林的防御能力。

1945年春,"二战"已经进行到第六年。曾经万能的战争机器——德意志第三帝国也不得不屈尊服软。德军受到东部和西部的双重夹击,纳粹德国开始经历死亡的阵痛。

战争伊始,同盟军一直受到"向柏林进军"的口号的鼓舞。不过现在,怎样将战争在最后几周收场成为了同盟军的首要任务。英美联军最高指挥官德怀特·D. 艾森豪威尔将军率兵向德国西部边境挺进。他打破了戒律,直接联系了苏军统帅约瑟夫·斯大林,告知斯大林西部的同盟军无意攻进柏林。出于政治和军事等多个原因,这场攻入纳粹首都之战和随之而来的胜利的荣光都将属于苏联红军。

的确,自希特勒发动巴巴罗萨计划后——1941年6月22日,纳粹德国入侵苏联——苏联人民苦难万分,不得不在欧洲大陆开启保家卫国之战。在纳粹在离苏联首都莫斯科20千米处被阻止前,几百万苏军士兵和平民失去了他们的生命。德军指挥官们看到了莫斯科城里那些若隐若现的洋葱顶建筑,但无法靠近这座城市。随着冬季的到来,德军不断有人被冻死。在这种环境中,德军的武器和设备也逐渐失灵。

次年春,重振旗鼓的德军又发动了新一轮攻势,遇上了卷土重来的苏联红军。1943年,苏联在列宁格勒和库尔斯克取得了重大胜利。1944年夏,借着这股劲头,苏军把德军向西逼退了数千千米,到达波兰首都华沙。苏军从北部列宁格勒到南部敖德萨发动连环攻势,这被称为"斯大林十击"。1945年年初,东普鲁士、波罗的海诸国和波美拉尼亚都被苏军掌控。红军从维斯瓦河出发途经奥德河,然后抵达离柏林只有60千米的地方。

▲ 士兵在德国国会大厦上挥舞着苏联国旗,这是柏林陷落具有象征意义的一幕

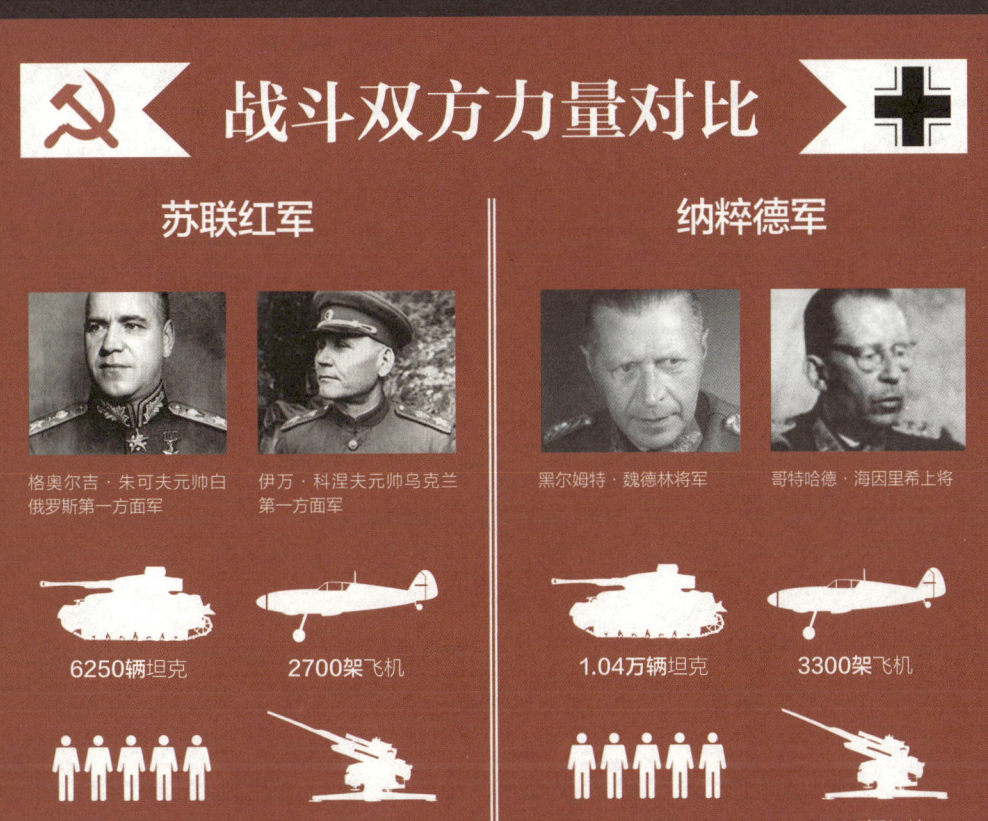

## 克里姆林宫会议

4月1日，斯大林和白俄罗斯第一方面军的格奥尔吉·朱可夫（Georgi Zhukov）元帅和乌克兰第一方面军的伊万·科涅夫（Ivan Konev）元帅在莫斯科的克里姆林宫会面。"谁会拿下柏林？"斯大林问道。"我们会！"科涅夫答道。斯大林接着向两名指挥官下达命令：朱可夫要从北部和东部攻击柏林；而科涅夫要从南部攻进。两个战线将像钳子一样围绕柏林，不断缩小防守范围，摧毁德军。

两周后，在苏军如雷一般的枪声，最后的进攻开始。科涅夫在尼斯河的攻势稳步推进，但是朱可夫在奥德河西的泽洛高地未能准确地评估德军的主要抵抗力量。维斯瓦河军团人员不足，武器不够，但是士兵的战斗精神不减，热情高涨，在山脊线形成了一条防御线。在哥特哈德·海因里希大将的指挥下，当苏军发动炮击时，德军从前线撤退，因此，炮击未能造成大规模伤亡。通过探照灯，德军坦克团和坦克步兵联合部队看到了苏联红军的装甲军和士兵的轮廓，造成了苏军大规模伤亡，阻碍了朱可夫的进程。

经过激烈战斗，朱可夫突破了泽洛高地的防线，但付出了高昂的代价，超过3万名红军士兵和1.2万名德军士兵付出了生命。斯大林对这次作战的拖延感到愤怒，命令科涅夫放弃在柏林周围的小战役，而将装甲部队矛头直接指向城市。朱可夫和科涅夫之间本就有竞争，而现在这种竞争变得更为激烈。两位指挥官都希望获得夺取纳粹首都的荣耀。

## 难忘的生日

1945年4月20日是希特勒的56岁生日，但那天在柏林帝国总理府下面的元首地堡里几乎没有任何欢乐的气氛。苏军用远程炮轰炸，在这座城市沦陷前，枪声从未断过。元首在他的地下指挥中心听到了这样的消息：柏林以东的3条防线已被破坏，包括泽洛高地。朱可夫正向前推进。科涅夫率领近卫坦克第四集团军和近卫第三集团军，在广袤的乡间地带稳步前进。由康斯坦丁·罗科索夫斯基（Konstantin Rokossovsky）元帅率领的第二支白俄罗斯部队打破了德军第三装甲师的防线。在柏林，陆军和武装党卫队的残余部队进行了临时防御。在苏军进入城市后，柏林的老人和少年也一起战斗。

由于面积不大，柏林很容易进入苏军的炮轰范围。4月22日，一名红军新闻记者发现了几门准备在德国首都发动袭击的排炮，后来写道："'目标是什么？'我问排炮指挥官。他回答：'柏林市中心、施普雷桥和斯特丁北部火车站。'然后传来了掷地有声的命令：'向法西斯德国首都开炮。'我看了看，现在是4月22日8点30分。几分钟内，96枚炮弹落向柏林市中心。"

朱可夫和科涅夫都下令继续西进。4月25日，乌克兰第一方面军步兵冲锋团的主要成员与立于托尔高易北河的美军第六十九步兵师会师，将德意志第三帝国分为两半。同一天，同盟军完成了对柏林的包围。德军第九和第四装甲军都被包围。瓦尔特温克将军手下的第十二军前往柏林救援，但遭到乌克兰第一方面军西进阻挠。

## 防御败局已定的柏林

苏军在柏林附近收加围攻，发动了几次试探性攻击，测试柏林的防御能力。德军将柏林的3个同心圆分为9个区。最外面的一圈长大约96.5千米，环绕柏林郊区。这一层防御很脆弱，主要包括路障、由瓦砾和车辆形成的街垒和浅沟。在城市遭遇重大袭击之前，这层防御在多处受到损害。第二圈长约40千米，利用了现有建筑物和障碍物，其中包括柏林的公共交通铁路系统城市快轨（S-Bahn）。最中间的一圈由曾经的纳粹政府和各部委的大型建筑构成。这些建筑被设置为机关枪和反坦克据点，每层都有射击位置。

德军内圈防御有个巨大的高射炮塔，布满枪支，几乎不会受到直接攻击。防御还有8个饼形分隔区，从A到H标记，从柏林中心向外辐射，从每环穿过，直到外围。第九区名为Z区，由希特勒手下一些狂热的私人警卫队队员防守。

柏林占地547平方千米，沿施普雷河、兰德威尔和泰尔托运河的布防尤为坚固。会师后的苏军主要目标是以要塞著称的政府建筑群，位于蒂尔加滕的北部和东部。那是一个大型公园和住宅区，也是柏林动物园的所在地。

据估计，德军力量约为10万至18万人，包括党卫军、陆军、人民冲锋队（人民民兵）和由黑尔姆特·魏德林（Helmuth Weidling）将军领导的希特勒青年团。这些力量由元首于4月23日任命，开启了柏林最后一次生死防御。

## 危机四伏的柏林

4月26日，柏林战役的最后一章开启。第八和第一坦克卫队穿过第二防御圈，越过城市快轨

▲▲ 柏林郊区，一名被迫加入人民冲锋队的士兵，手持反坦克火箭筒

▲ 1945年7月，柏林的菩提树大街遭到严重破坏，到处是残垣断壁

▲ 美军中尉威廉姆·罗伯逊（William Robertson）和红军中尉亚历山大·希尔瓦什科（Alexander Sylvashko）会面，展示出"东西相会"之意，象征着美军和苏军在德国托尔高的历史性会面

线，攻击滕珀尔霍夫机场。在西部战场上，经过两天的激烈战斗，白俄罗斯第一方面军的部分士兵进入夏洛滕堡，最终抵达施普雷河。苏军势不可当地沿着柏林的这条主轴攻向市中心：沿东南方向的法兰克福大道；南部从太阳大道到贝勒联盟广场；从南部攻向波茨坦广场；从北部攻向国会大厦。德国议会曾经在国会大厦举办过会议，但自1933年那场毁灭性的大火以来，这座大楼一直没有被使用。

4月28日，苏军占领了兰德维希运河上的波士的摩斯特斯桥，战火延伸到了蒂尔加滕。第二天早上，第三突击集团军跨过了施普雷河上的莫尔特克大桥。国会大厦就位于国王广场的左侧，而德军在国王广场埋伏了机关枪、火炮、几辆坦克和大约6000名德军士兵。苏军对内政部大楼的袭击进展缓慢。4月30日黎明，红军士兵短暂占领了盖世太保在阿尔布莱希特亲王街的总部，但没多久就遭到了德军猛烈反击。当天，苏军占领了大部分柏林外交区。

与此同时，第七十九步枪团齐心协力攻打国会大厦。第一五零步枪师向国王广场正面射出一连串炮火，其他师从大楼侧翼发动袭击。从早上4点30分至下午1点，苏军发动了3次进攻，但均被德军击退。在1千米以外的柏林动物园，德军在一座钢筋混凝土楼顶上架设了一支128毫米口径的射炮作为支援。苏联坦克和自行式突击炮攻入国王广场，轰炸德国阵地。下午的一条假消息称，国会大厦上方出现一面红色的横幅，而当时苏军只有一部分部队穿过了国王广场。因为担心情报不准确，会产生不良影响，于是第一五零

## 至少有10万名柏林平民死亡。

步枪师指挥官沙蒂洛夫将军向步枪集团下令加强攻势。

到下午6点，苏军对国会大厦的攻击已经持续了14个小时。苏联士兵不断发动新的攻击：用小型迫击炮轰炸已经用砖头和泥浆堵住的开放式入口通道。进入大厦后，苏军和整栋建筑内的德军贴身肉搏。一小队红军士兵绕到国会大厦后面，找到了通向屋顶的楼梯。苏军陆军士兵米哈伊尔·叶戈罗夫（Mikhail Yegorov）和梅利通·坎塔利亚（Meliton Kantaria）带着红旗冲了上去，并在房顶边缘发现了一个骑士雕像。在晚上11点的几分钟前，这队红军士兵挤进了雕像内部。

虽然苏联的国旗在4月30日晚上就已经升到国会大厦上空，但直到5月2日最后2500名德军投降时，苏军才算是彻底攻下了国会大厦。实际上，著名的升旗照片是在5月3日拍摄的。

## 摇摇欲坠的中心

仍在守护柏林的德军已经精疲力尽，弹药也不足。4月30日上午，魏德林将军通知希特勒，红军将在几小时内控制柏林。

苏联第五突击队、第八卫队和第八坦克卫队沿着著名的菩提树大街前进，逐渐靠近帝国总理府和元首地堡。希特勒命令魏德林将军从已经形成的包围圈中突围，随后在元首地堡，希特勒和在几小时前成为他妻子的爱娃·布劳恩一起自杀了。

到目前为止，只剩大约1万名坚定的德军士兵仍坚守在防御阵地，苏军士兵和坦克从四面八方袭来。苏联炮兵向剩下的德军开炮，无情地袭击了位于威斯巴登的德国空军部大楼。这栋大楼十分牢固，有钢筋、混凝土和路障防御。第三突击军沿着蒂尔加滕的北边前进，与德军坦克集团作战，同时也对国会大厦及周边地区施加压力。第三冲击军和第八卫队的前进步伐一致，第三冲击军将柏林中心分成两个部分。

5月1日，德军总参谋长汉斯·克雷布斯（Hans Krebs）将军联系了第八卫队指挥官瓦西里·崔可夫（Vasily Chuikov）将军，告知苏方希特勒已死，希望斟酌德国投降条款。崔可夫坚持无条件投降，而克雷布斯认为崔可夫无权提出这样的要求，二人的沟通失败了。与此同时，一些德军士兵试着突破被围的柏林，争取向西突破，因为苏联人民在纳粹手中遭受了诸多苦难，所以他们希望向英国或美国投降，而不是向复仇心满满的苏联投降。只有少数德军士兵成功通过了哈弗尔河上的夏洛滕布鲁克大桥。当苏军突然出现时，许多德国士兵被杀或被俘。

5月2日上午，苏联红军控制了帝国总理府。魏特林已于凌晨1点向崔可夫将军发送公报，要求再召开一次会议。苏方要求德军将军早上6点来到波茨坦大桥，然后去崔可夫的驻军总部，并于1小时内投降。魏特林发布命令，让所有德国士兵都投降，并按照崔可夫的要求以书面形式下达了命令。他还口述了这个命令，苏联卡车在残破不堪的柏林街头传递了这个消息。一些冥顽不灵的党卫队士兵在被歼灭之前一直负隅顽抗。在柏林动物园，350名德军士兵抵抗到天亮，仍不敌苏军。至此，柏林之战宣告结束。

## 成本计算

这场战役的伤亡人数十分惊人。从奥得河开往柏林期间,至少有8.1万名苏联士兵死亡,超过25万人受伤。据估计,德军丧生10万人,22万人受伤,近50万人被俘,另外,至少有10万柏林平民死亡,其中一些人是自杀。

在柏林沦陷后的一周,欧洲战场上的战争以纳粹德国无条件投降告终。希特勒口中将持续1000年的第三帝国,仅存续了12年就在硝烟四起的废墟中结束了。

▲ 柏林街头,德国妇女在消火栓旁洗衣服,旁边是一辆残破的警察巡逻车

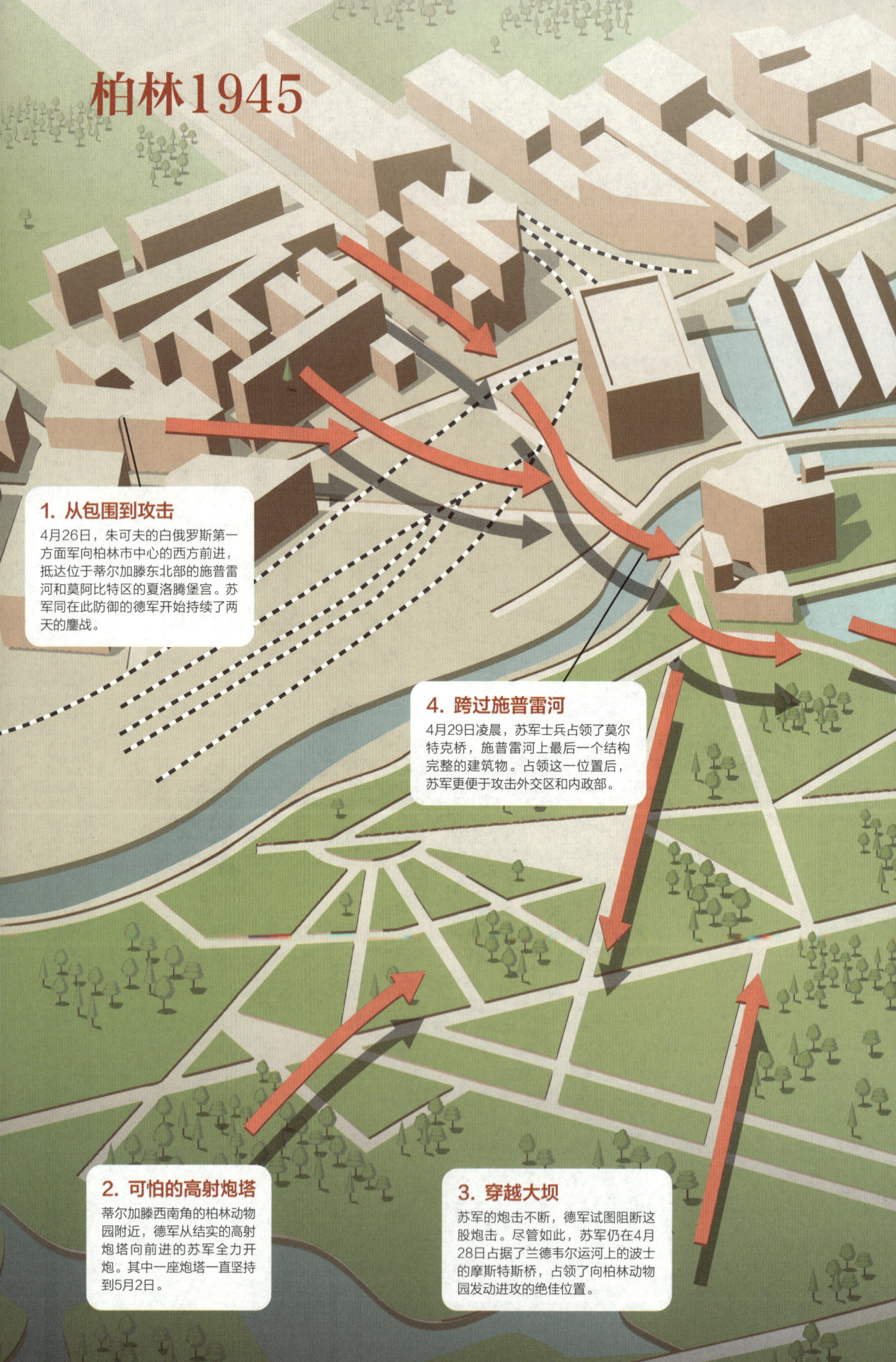

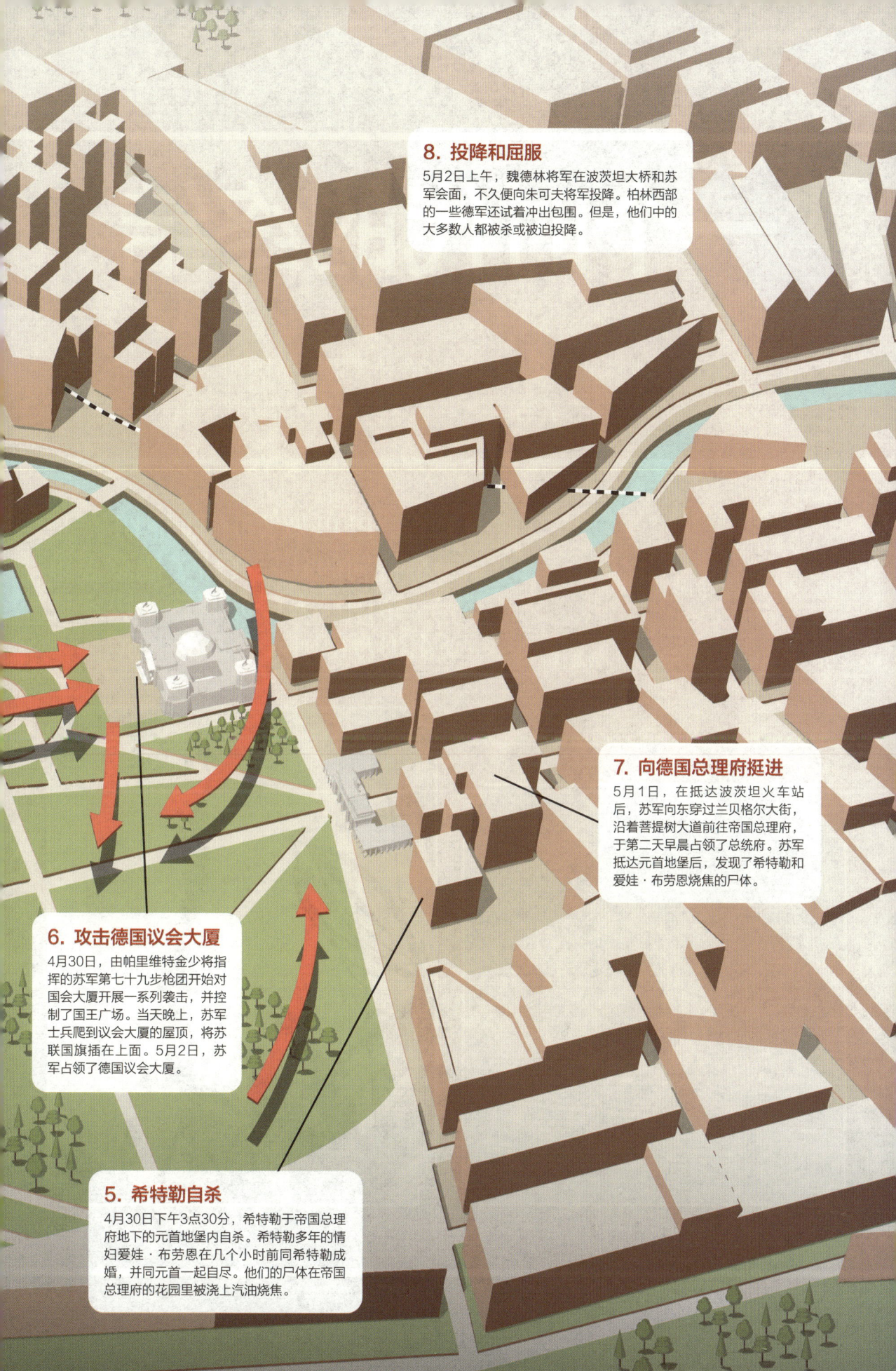

# 一个时代的终结

1945年4月,随着希特勒自杀,他的恐怖统治宣告结束。
不过,到底是什么原因导致德意志第三帝国崩塌,
又是什么原因终结了纳粹德国的这位腐朽不堪的统治者?

**182　元首地堡的黄昏**
　　　元首在柏林地堡中的最后岁月

**196　希特勒最大的战略性失误**
　　　探究希特勒最大的军事错误

**206　如果希特勒拿下莫斯科,会怎样?**
　　　若苏联失败,历史将如何重写

巴巴罗萨计划证明,是希特勒的狂妄终结了德意志第三帝国。入侵苏联这一决定使430万德国人失去了生命。

# 元首地堡的黄昏

在元首地堡深处，在柏林的碎屑和废墟中，阿道夫·希特勒和他的纳粹统治世界之梦一同破灭，化为了灰烬。

他的手总是抖；他走路时摇摇晃晃，步履蹒跚；他的眼神常常呆滞。阿道夫·希特勒崩溃了。

白天，希特勒只能靠含苯丙胺的化学混合物和含可卡因的滴眼液来保持清醒。而到了晚上，他则需要巴比妥类的药物才能睡着。希特勒有很严重的胃病，也可能是帕金森症的前兆。曾经充满活力的纳粹德国元首已不复存在，希特勒现如今整天处于情绪化、歇斯底里、盲目的愤怒、紧张和沮丧的阴霾中。

1945年春，希特勒的身体和精神状态便是纳粹首都柏林的缩影。纳粹德国这个曾经强大的战争机器和极权政权在同盟军的军事力量重压下被粉碎。美军和英军正从西方袭来。更糟糕的是，面对德军已摇摇欲坠的防御，希特勒的死敌——苏联，已派出对德国充满着仇恨的苏联红军，大肆在德国寻求报复。不可阻挡的苏联红军花了近两年时间才稳稳地将德军向西逼退了1600多千米。现在，他们已经到达了柏林门

前,想要击破德意志第三帝国的暗黑核心。

早在1945年1月,在同盟军的狂轰乱炸之下,希特勒和他的随从已经撤离到元首地堡里相对安全的地方,即帝国总理府花园下方15米处,此处位于国王广场附近一群以城堡闻名的楼群中。随着苏军逐渐包围柏林并从四面八方涌来,在地堡或附近陪着希特勒的有路德维希·斯达姆普菲格(Ludwig Stumpfegger)医生,曾担任党卫队队长希姆莱的医生、后成为希特勒秘书的马丁·鲍曼(Martin Bormann),宣传部部长约瑟夫·戈培尔的副手君特·史瓦格曼(Günther Schwägermann),宣传部副部长沃纳·诺曼(Werner Naumann),副官奥托·京舍(Otto Günsche),男仆海因茨·林格(Heinz Linge),司机艾瑞克·坎普卡(Erich Kempka),秘书特劳德·琼格(Traudl Junge),以及其他几个人。

▲ 1945年4月初，在苏军快要逼近德国时，希特勒和赫尔曼·戈林慰问柏林护城士兵

4月初，和希特勒在一起长达10多年的爱娃·布劳恩从慕尼黑一路向北。她决定陪在希特勒身边，直至最后一秒。她不是被迫和元首一起自杀的，实际上，希特勒曾试着劝爱娃离开柏林，但是她不听，最后一步步地沉沦到无尽的黑暗和阴影之中。

## 地下堡垒

元首地堡是一个展现了德国实用性和工程学的杰作，虽然并不豪华，但功能很多。地堡的施工分为两个阶段：第一阶段于1936年开始；第二阶段于1944年开始。地堡上层部分叫作上层掩体，顶部是一个4米厚的混凝土加固屋顶。上层掩体的12个房间中有4间是厨房。在长长的中央走廊尽头，一条螺旋形的楼梯向下延伸到有18个小房间的楼下。主走廊左边的6间由希特勒和爱娃·布劳恩使用，而剩下的房间则由元首的贴身工作人员使用。地堡里其余的房间装有通风设备和通风器械，这些机器工作时刺耳的嗡鸣和单调的吱嘎声响彻整座地堡。

地堡底层有一条长走廊，这也是一间5.5平方米的会议室，里面放着一张厚重的木桌，上面铺着一张地图，也就是在这里，希特勒每天召开会议，为越来越恶化的军事状况焦头烂额。在元首地堡的入口附近，驻扎着希特勒党卫军警卫旗队（元首的私人保镖）。该队由700名士兵组成。他们在元首地堡内担任警卫、信使、电话接线员、文员和仆人。

4月22日，戈培尔博士和他的妻子玛格

**元首地堡是一个展现了德国实用性和工程学的杰作，虽然并不豪华，但元首地堡功能很多。**

达——一位狂热的纳粹支持者，带着他们4岁至12岁不等的6个孩子——5个女孩和1个男孩，也来到元首地堡。戈培尔住在了底层的一个房间，而玛格达和孩子们住在上层掩体的4个房间。孩子们再也看不到阳光。玛格达和她前夫的儿子哈拉尔德·匡特（Harald Quandt）是一位德国空军中尉，曾在北非被俘。几天后，玛格达写信给哈拉尔德。

"我亲爱的儿子，"她潦草地写道，"到现在为止，我们已经在元首地堡待了6天——你的继父、你的6个弟弟妹妹和我，选择了这条路，为了给我们的民族社会主义信仰带来唯一一个可能的光荣结局……你知道，你的继父并不想让我留在这里，而且就在上周日，元首也想让我离开。你是了解你母亲的——我们流着同样的血，我的人生里没有动摇这个词。我们的光荣理想已经被破坏了。我生命中所知道的一切美丽而奇妙的事物也同时都消失了。没有了元首和国家社会主义的世界不再值得我生存，所以我把孩子们都带在我身边。因为他们太美好了，不应该在接下来的世界里生活。我在救赎我的孩子们，相信仁慈的上帝会理解我的……"

▲ 戈培尔一家在拍摄了这张照片后便住进了令他们万劫不复的元首地堡

## 好纳粹？

阿尔伯特·斯佩尔（Albert Speer），希特勒的建筑师和德意志第三帝国的装备部部长，是陪伴希特勒直到后期的亲密助手之一。他曾这样评价他与希特勒的特殊关系：如果元首真的有一位密友，那么他就会是那个人。斯佩尔于1931年加入纳粹党，由于精湛的建筑设计技巧而快速获得提拔。他在纽伦堡受审，被判犯有战争罪。他被判处20年监禁，后于1966年10月1日获释。

观察家们猜测，斯佩尔没有被判死刑，是因为他口才很好，并且是唯一一位对希特勒政权的暴行表示出遗憾的纳粹高级官员。尽管他一直否认知道有大屠杀，也就是否认知道对犹太人和其他被视为"低于人类"或非人类的种族灭绝行为，但是，斯佩尔在纳粹时期完成的建筑项目和战时武器装备工厂都是靠囚犯劳工来完成的，数千名囚犯在他担任装备部部长期间死亡。从监狱获释后，斯佩尔成为媒体争相采访的对象，他还写下了他的回忆录——《在第三帝国中》。斯佩尔于1981年在伦敦逝世，享年76岁。

▲ 作为希特勒的密友，阿尔伯特·斯佩尔在监狱服刑20年，于1981年去世

## 命运的逆转

与此同时，从4月初开始，从前线传回的消息一直令人沮丧。唯一的一线希望也迅速破灭。4月13日上午，戈培尔告诉希特勒，美国总统富兰克林·罗斯福去世。当然，宣传部部长狂妄表示，这是神圣的天意，4月底，德军将在战场上迎来命运的转变，而柏林也将得救。但事实并非如此。戈培尔承认，"也许残酷的命运再一次捉弄了我们"。

4月16日，两支红军主力带着超过250万名士兵，开启了对柏林的最后进攻。4天后，苏联炮兵开始对这座城市发起系统性攻击。希特勒过了自己最后一个生日，并在自己56岁的这一天，向希特勒青年团的几个男孩授予了铁十字架勋章，以表彰这些男孩英勇地同苏军作战。希特勒拍了拍这些年轻纳粹分子的脸颊，有气无力地称他们是善良且勇敢的孩子。在新闻记者拍照记录这一事件之前，元首不想呈现一个注定失败的男人的身影，为了使自己的麻痹症不被人发现，他把一件羊毛大衣披在了自己弓背的身上。

在每天的军事会议期间，希特勒常常出现错觉，会向已经死亡或失踪的高级官员发出命令，让他们指挥已经不存在的部队解救柏林。在4月22日的一次会议上，元首在发表一场长篇大论时爆发。他慢慢地接受了现实，那就是他下令反攻苏联的命令是根本无法执行的，于是他开始将德国这场灾难性的失败归咎于那些叛国和意志薄弱

**即便是认识最久、最亲密的伙伴，也都离希特勒而去。**

▲ 人们本以为希特勒的私人秘书马丁·鲍曼逃出了柏林，但后来还是找到了他的尸体

▲ 对希特勒忠心不二的爱娃·布劳恩选择同元首一起赴死,而不是逃出柏林

的将军，也迁怒于德国人民缺乏对国家的热情，认为德国人民遭此命运是罪有应得。

第二天，军备部部长阿尔伯特·斯佩尔（Albert Speer）来到地堡和元首进行交谈。他们谈到从柏林飞往奥伯萨尔茨堡，甚至还可以将战争继续进行下去。然而，希特勒对这种选择并不热衷，他似乎已经对自己的命运屈服。他已经默许试着从危机四伏的柏林逃离的人离开地堡，逃出柏林。

"那天，他没有说什么转折点即将到来，或说还有希望。"斯佩尔后来写道，"而是相当冷漠地、疲惫地，甚至有点理所当然地开始谈起自己的死亡……'我不会亲自上场，很有可能我是在受伤后落到苏联人手中。我也不希望我的敌人羞辱我的身体。我已下令将我火化。布劳恩小姐想要和我一起离开……相信我，斯佩尔，亲自结束生命对我来说更容易。只要短短的一会儿，我就自由了。我就会从一切痛苦中解脱出来。'我感觉自己好像已经在和一个逝去的人交谈，气氛变得越来越诡异，这场悲剧即将走向终点。"

## 盗贼之间无荣耀

在斯佩尔来访的当天下午，鲍曼带着来自德国空军元帅赫尔曼·戈林的信件来到希特勒面前。戈林在巴伐利亚阿尔卑斯山脉下的贝希特斯加登，暂时安全。1941年，希特勒曾授权戈林在元首无法行使最高权力的情况下管控德国政

▲ 希特勒、爱娃·布劳恩和他们的狗。希特勒下令在他的阿尔萨斯狗——布朗迪身上试验氰化物胶囊，看其毒性是否足够强，其余的胶囊则分发给了希特勒的密友

▲ 上面这两张图是1944年经美国特工处艺术家修复处理的希特勒照片,展示了若德国战败,希特勒会如何伪装,以逃避抓捕

府。在这个危急关头,戈林希望能得到这一权利,他说:"我的元首……如果在今晚10点前还没有收到回复,我就默认您已失去行动自由,也默认您此前下达的法令生效……"

希特勒大怒,吵着要逮捕戈林,撤掉戈林的职务和军衔,并声称他的这位前副手犯了叛国罪。在那时,即便是他认识最久、最亲密的伙伴也都离他而去。斯佩尔记得,"那是一种狂怒的爆发……苦涩、无助、自怜、绝望都混在一起"。

英国新闻报道透露,一直被称为"忠实的海因里希"的希姆莱通过瑞典的外交渠道与盟军进行单独谈判。这简直就是在希特勒的伤口上撒盐。希特勒立即下令逮捕希姆莱,百般辱骂这位党卫军领导人,还草率地击毙了希姆莱在元首地堡的联系人、党卫军中将、爱娃·布劳恩的妹夫赫尔曼·费格莱因(Hermann Fegelein)。

在把戈林解雇后,希特勒任命罗伯特·里特·冯·格雷姆(Robert Ritter von Greim)将军为德国空军指挥官,要求他来柏林,并晋升为陆军总元帅。著名的纳粹飞行员汉娜·赖奇(Hanna Reitsch)是格雷姆的恋人。4月26日晚,这对情侣登上了一架小型飞机前来复命。但他们飞得太低了,苏军从地面开火,射中了格雷姆的脚,赖奇将飞机降落在距离帝国总理府不远的柏林菩提树大街的一条街道上。

格雷姆见到元首时,赖奇恳求希特勒坐上飞机逃往安全地带,但元首拒绝了。赖奇还找到了玛格达·戈培尔,准备带孩子们出去。"我的天哪!戈培尔夫人,孩子们不能待在这里!"但她的恳求无济于事。当天,城堡南部的滕珀尔霍夫机场被苏军攻占,任何大型飞机都不能进入机场。赖奇和格雷姆最初希望一直留在元首地堡,不过,他们在那里只待了3天,格雷姆的身体就恢复到可以出行的程度。

**一瞬间，元首和他妻子的尸体就燃烧起来。**

## 纳粹末日

到4月28日，苏联红军距离帝国总理府只有1英里。苏军有条不紊地攻打着柏林绝望的守城兵，其中许多士兵是人民冲锋队的老兵和希特勒青年团的男孩，他们曾与魏德林将军的第五十六装甲军遭围困的老兵并肩作战。德军的核心凝聚力正在迅速衰减。

随着苏军枪林弹雨般的攻势袭来，潮湿的元首地堡里，常有混凝土和碎块从天花板上掉落，地堡内呈现出注定灭亡的气氛，像瓦格纳歌剧的高潮一样。纳粹的末日近在咫尺。地堡里收到这个消息：意大利前法西斯独裁者贝尼托·墨索里尼和他的情妇克雷塔·佩塔奇（Claretta Petacci）被党内同僚击毙，而他们的尸体被倒挂在米兰市的一个车库前。

希特勒意识到自己剩下的时间不多了，开始将氰化物胶囊交给那些留在元首地堡里的人。有人质疑这药是否能致死，希特勒叫来了他的狗——布朗迪，那是一位阿尔萨斯人在1941年送给他的礼物。希特勒掰开一个胶囊放到布朗迪的牙齿之间，狗立刻死了。

那天晚上，希特勒向荣格说出了自己的遗愿和由两部分构成的遗嘱。除此之外，他还任命海军上将卡尔·邓尼茨（Karl Dönitz）在自己去世后掌管德意志第三帝国。他把战争归咎于全世界的犹太人。"这不是真的，"他说，"我或者其他任何德国人都不想要1939年的这场战争。而那场战争要么是由犹太后裔，要么是由为犹太利益而工作的人们所期待或发起的。"

20世纪20年代，希特勒就在他的自传《我的奋斗》中表达过大量类似的反犹太主义言论。这时，元首地堡的其他人也开始大肆讨论最有效的自杀方法是服毒还是开枪自尽。他们开始抽烟，这是希特勒以前禁止出现在他面前的事情。他们还把能找到的酒也都打开喝了。喝醉了会使人更易逞能。他们笑着，抽泣着，慢慢睡去。

4月29日午夜后的几分钟，发生了一件事，出乎了希特勒、爱娃·布劳恩身边人的预料。一名低级别的纳粹官员被从附近的前线召来，赶到元首地堡，主持了一场仓促且令人毛骨悚然的仪式。希特勒和布劳恩首先证明了他们的雅利安血统；然后，戈培尔和鲍曼担当了见证人；接着，希特勒和布劳恩这对大妇正式成婚。他们还举办了婚礼。来宾们喝着香槟，展望着美好的未来。

4月30日2点30分左右，希特勒向他的一些手下做了最后的告别。中午，他得到的最后一次军事通报没有任何新内容——只是再次确认了所有的必然。两小时后，他吃了最后一餐，是全素餐。接下来，希特勒和爱娃与戈培尔、鲍曼及其他一些核心朋友交谈了一会儿。下午3点后，他们就回到了自己的房间。

几分钟后，传出了一声枪响。当时荣格正和戈培尔的孩子们玩耍。其中一个孩子喊道："这是开枪自杀！"过了几分钟，希特勒的党卫军保镖罗胡斯·米斯（Rochus Misch）进入了房间。他回忆："海因茨·林格把我带到一边。我们进入了房间。我看到希特勒倒在桌子旁边，头上没有血迹；爱娃的膝盖蜷起，躺在他旁边的沙发上……"希特勒对自己的右太阳穴开了一枪，直接毙命；爱娃服用了氰化物，迅速死亡。

坎普卡出去了一会儿又回来，将170升汽油浇到两具尸体上。当斯达姆普菲格和林格抬着希特勒的尸体走出楼梯进入花园时，鲍曼随后也抬着爱娃的尸体走了出来。虽然苏军炮弹就打在身边，但他们迅速开始了火葬。坎普卡、林格和京舍往希特勒和爱娃二人的尸体上倒了许多罐汽油。林格点着了一张破报纸，一瞬间，元首和他妻子的尸体就燃烧了起来。

希特勒死后，元首地堡的情况发生了大逆转。希特勒曾经的拥趸们争先恐后地逃走了。因为苏军会在几小时内就发现埋在弹坑里的元首和爱娃·布劳恩烧焦的尸体。

在医生的协助下，5月1日晚，玛格达·戈培尔给她的孩子们服用了镇静药物后又给他们下了毒。孩子们死后，据说戈培尔和玛格达也服用了氰化物，然后他们还安排了亲信朝二人头部分别开了一枪，以确保二人死亡。戈培尔曾开玩笑说，他会走到花园后再自杀，这样其他人就不需要将自己的尸体抬上楼梯。

在元首地堡这场充斥着死亡和破坏的荒唐剧目结束之后，德意志第三帝国又维持了几天。1945年5月7日，德国投降，宣告了第二次世界大战欧洲战场的战争结束。但是，希特勒和纳粹将永远成为人类历史上的一道污迹。

▲ 1947年的元首地堡残骸。苏军曾欲毁掉整座建筑

## 元首地堡的命运

在1945年至1949年的4年破坏行动中，为了清除纳粹时代的所有公开物证，苏维埃政府摧毁了当时许多著名的建筑物，其中包括受损严重的帝国总理府。然而，1947年12月，苏军试图炸毁元首地堡，但未能成功。当时地堡外墙被炸毁，但其他地方几乎未受损。1959年，民主德国政府还发动了破坏地堡地下结构的行动。

元首地堡位于柏林墙附近，后来也被这堵冷战屏障的阴影所掩盖。1988年，在开发住宅区时，工人们发现了原元首地堡建筑群中的一部分。

接下来，元首地堡剩下的大部分结构被彻底摧毁。但人们对于元首地堡和纳粹时代的记忆从未完全消失。在2006年举办的足球世界杯之前，德国政府在元首地堡旧址架起了一个信息展示板，其中展示了元首地堡的示意图及其背后的历史故事。

88岁高龄的罗胡斯·米施（Rochus Misch）是希特勒党卫军保镖队的幸存者。他参加了2006年6月8日举办的纪念仪式。

▲ 1945年，希特勒在元首地堡自杀。2006年，那里架起了一个信息展示板作为纪念

### 此刻事件

在柏林之战中受袭后的德国议会大厦残骸。1945年5月7日，即苏军发现希特勒死后的第七天，德国投降。

# 希特勒最大的战略性失误

从敦刻尔克的海滨到苏联的冰冻之地，
让我们来看看希特勒是如何自掘坟墓的。

1940年6月，德意志第三帝国的国力达到鼎盛。德军攻克了捷克斯洛伐克、波兰、挪威、丹麦、低地国家（荷兰、比利时、卢森堡）和法国。希特勒与他的法西斯盟友墨索里尼一起控制了绝大多数的欧洲国家。在执掌德国的7年，以及第二次世界大战爆发不到一年的时间中，希特勒就像巨人一样大步踏过欧洲。然而，德国早期大规模的迅速成功在元首心中种下了致命的、过度自信的、狂妄自大的种子。希特勒认为他不会错，但他还是错了。

希特勒唯一的军事经验是在第一次世界大战的战壕中当一等兵，负责在指挥部和前线之间传递信息。他没有指挥经验，但这并没有阻止他在1939年战争爆发时任命自己为德意志帝国的第一战士。

希特勒是一个充满热情的业余人士。他会仔细检查军令，从高级指挥官到团长级别的军令都会检查，也不顾撰写军令人员的抗议就擅自改变军令。在闪击战和法国战役期间，希特勒的干预措施几乎没起什么作用，但在德军攻击开始失败

时，希特勒只会干涉更多。如果将军和他对峙，他就会把他们撤掉。

如果希特勒听取经验丰富的指挥官们的意见，那么他是有可能避免3个关键战略错误的。正是由于希特勒过于浮躁，使得英国顽强抵抗，绝不言败；把美国过早地牵入战争；使数百万德军在不切实际地进攻苏联时丧生。如果希特勒没有犯这些错误，那么最后他可能就不会在战争结束前只能躲在元首地堡里，眼看着德意志第三帝国日渐破碎。

# 敦刻尔克的停攻命令

希特勒神秘地命令德军停止追击逃往敦刻尔克的英军,这使得英军能够多开战一天。

从1940年5月26日至6月4日的10天里,有338226名士兵逃离了纳粹军队的魔掌。他们被敦刻尔克海滩上的一支不拘一格的船队所救,这支船队中有皇家海军舰艇、民用渔船和勇敢的巡洋舰,它们横跨海峡前来。也正是由于敦刻尔克的勇敢精神,英军能够多战一天。温斯顿·丘吉尔所描述的"拯救奇迹"实际上是因为希特勒犯的一个错误。

法国战役期间,英国远征军及其法国盟军一直被德军稳步击退,德军进击的速度极快。在不到3个星期的时间里,同盟军发现已被逼到里尔附近的山口。

5月24日,希特勒访问了格尔德·冯·伦德施泰特(Gerd von Rundstedt)将军。伦德施泰特将军请求让追捕盟军的坦克停止追击,以便让德军巩固其阵地。11点42分,希特勒批准

▲ 英军和法军在敦刻尔克海滩留下很多军备,但也完成了救出士兵这个主要任务

## 占领不列颠

如果希特勒没有发出停止追击的命令,而英国远征军在敦刻尔克彻底被毁,那么英国之战可能真的会以纳粹成功越过英吉利海峡,入侵英国而告终。但在英国投降后又会发生什么呢?

根据纳粹的海狮行动计划,他们会把不列颠和爱尔兰分为6个作战区,分别以伦敦、伯明翰、纽卡斯尔、利物浦、格拉斯哥和都柏林为中心。经过仔细规划和盘算后,丘吉尔的布伦海姆宫祖屋被纳粹选为德军入侵者的总部。北部区域也有可能被转换成维希式的傀儡政权——奥斯瓦德·莫斯利(Oswald Mosley)被认为是最合适的傀儡。而南部被占区可能是由德意志第三帝国的外交部部长约阿希姆·冯·里宾特洛甫(Joachim von Ribbentrop)来指挥。爱德华八世在1939年之前以支持纳粹著称。他本可以重新坐上王位。

在入侵后不久,万恶的党卫军特遣部队可能会越过英吉利海峡。纳粹已经准备了一本有2820人名字的黑名册,这些人将会被立即逮捕,甚至被处决。名册里的人既有像温斯顿·丘吉尔这样的领袖,也有像赫伯特·乔治·威尔斯(HG Wells)这样的作家。同时,英国的30万犹太人将面临类似的命运。德国陆军总司令瓦尔特·冯·布劳希奇(Walther von Brauchitsch)建议将所有年龄在17岁至45岁的英国男子赶出欧洲大陆,充作奴隶劳工。海因里希·希姆莱更过分。他认为,征服英国和法国的最佳办法是杀死这两国80%的人。

▲ 党卫军官员弗朗茨·西克斯(Franz Six)本可以在英国领导党卫军,但却戏谑地将纳尔逊纪念碑运送到了柏林

了这项停攻命令。这项命令直到5月26日晚才解除。而这项命令为英国和法国士兵赶到敦刻尔克的海岸提供了时间。发布停攻命令后,希特勒成功阻止了德国装甲军的进攻,也没有打扰同盟军的撤退。甚至一些德军装甲师与敦刻尔克的距离比同盟军离敦刻尔克还要近。希特勒就这样让这场本不可能成功的撤退实现了。

为什么希特勒下令停止追击?1945年,他提议按照"体育精神"给英军一个撤离的机会,以此作为与英国达成外交和解计划的一部分。然而,这一点几乎毫无意义——如果希特勒希望丘吉尔接受休战,更好的方式是打到丘吉尔无力还击。于是人们猜测,当时更有可能的原因是希特勒同意伦德施泰特的说法,同意保护德军装甲部队,以便在未来的行动中做出更大贡献。这看上去对德军非常有益,所以希特勒也乐于接受戈林的想法，让德国空军来完成阻击敦刻尔克撤退。也许第一次世界大战期间在佛兰德斯的所见一直令希特勒无法释怀，因此他或许希望德军不要陷入类似的境地。

无论希特勒下达这一命令背后的原因到底是什么，最终他的这一决定让英军摆脱了困境，也给德军带来了舆论上的政变。英军虽然受损严重，但仍然在战斗。4年后，英军又在诺曼底登陆，返回法国北部。而这次，他们无须逃跑。

▲ 在敦刻尔克，几十万同盟军士兵都已脆弱不堪，但希特勒错失了抓捕他们的机会

**也许第一次世界大战期间在佛兰德斯的所见一直令希特勒无法释怀。**

▲ 同盟军安全抵达后，英军得到了一个从失败中挽救自身舆论形象的机会

# 向美国宣战

希特勒将军事力量强大的
美国拖入了欧洲战场，
是对罗斯福过早的挑衅。

▲ 珍珠港事件发生100小时后，希特勒向德国议会宣布要对美宣战

1941年12月7日，日本海军先发制人，对位于夏威夷珍珠港的美国海军基地进行了大胆的攻击。在90分钟的袭击中，6艘舰艇沉没，13艘舰艇遭到破坏，2403名美军丧生。袭击发生后的第二天，日本正式向美国宣战。

希特勒事先对珍珠港袭击事件并不知情，他原本希望日军能够在其他地方发起进攻。德军高级指挥官更希望日军袭击位于新加坡的英军或苏联东部。但是，希特勒也不应该对日本将枪口转而对准美国感到惊讶。就在珍珠港事件几天前，日本驻柏林大使告知纳粹，日本和美国之间的战争迫在眉睫，并要求德国承诺，如果太平洋地区爆发冲突，德国要向美国宣战。

根据德意日三国的协议，只有在有国家入侵日本时，德国和意大利需要向该国宣战，而未规定当日本入侵别国时，德意也需如此。但希特勒采纳了里宾特洛甫的建议，在12月11日向德国国会宣布，德国要向美国宣战。在"二战"爆发后的前两年，美国一直采取中立立场，但罗斯福总统已经逐渐打破了中立的界限，毫不掩饰地希望英国击败纳粹国家，于是希特勒也十分希望征服新世界。

然而，希特勒实际上并没有必要宣战。德国在欧洲与英国和苏联两头开战，实际上是不应再碰触美国的。宣战后，希特勒得到的无非是对盟友日本象征性的支持姿态，还有把人们视线从在苏联战场上停滞不前的德军中移开的宣传攻势。但对美国而言，德国的宣战不可避免地使美国也对德国宣战。罗斯福将希特勒视为侵略者，向德国宣战既可以赢得欧洲盟友的支持，也可以与其一起打击日本——这种支持对以隔离主义闻名的美国来说本来是无法得到保证的。

德国可能最终还是会在某个时候与美国开战，但是在珍珠港事件后立即宣战，使得希特勒过早地把美国拖入欧洲战场，而美国的加入使得平衡的天平被打破，更倾向于同盟国一方。

▲ 希特勒对日军大胆袭击珍珠港是非常欢迎的，但他更希望日军攻击新加坡或苏联

# 欲望过大　损失过多

**战略性轰炸**

1942年，美国空军抵达英国。在接下来的3年里，美国空军在德国和其被占领土上投下了100多万枚炸弹。与亚瑟·"轰炸"·哈里斯（亚瑟·特拉弗斯·哈里斯，Arthur Trayes Harris）将军麾下的英国皇家空军不同，美国没有不分青红皂白地轰炸，而是有针对性地轰炸工业区和军事区。

**入侵西西里岛**

1943年7月，在盟军进攻西西里岛期间，美国第七军在乔治·巴顿将军的领导下组成了踏入西西里两军中的一支。而几周之后，贝尼托·墨索里尼被推翻，意大利和德国的抵抗也随之瓦解，这标志着意大利战役大获成功。

**诺曼底登陆**

在登陆诺曼底海滩的15.6万名同盟军士兵中，有不到一半是美国士兵。美军的攻击目标海滩之一是奥马哈，那里的战斗最为激烈，其中美军死亡2500人，而当时的同盟军总人数也只有4500人。美军死亡的比例特别高。

**突出部之战**

1944年12月，德军在西欧战场上最后一次碰运气的行动是在阿登高地发起的反击，希望打破同盟军的阵线。美国第一集团军首当其冲受到袭击，并最终将德军打退。此役造成近9万人伤亡。

# 巴巴罗萨计划

入侵苏联致使东部战场血腥满地，
也使德意志第三帝国的命运急转直下。

1941年6月22日3点15分，德军炮兵火力全开，朝苏联在波兰设防的阵地狂轰乱炸。而在空中，德国空军的重型轰炸机向苏联城市肆意发射炮弹，将炮弹投在远至喀琅施塔得和塞瓦斯托波尔这一类目标上。巴巴罗萨行动，即纳粹入侵苏联的行动正式开始。

纳粹德国和共产主义苏联是天敌。在《我的奋斗》中，希特勒宣称东欧居住着的是次等人非雅利安斯拉夫人和犹太人，这片土地应该被德国少数民族殖民。相比之下，斯大林长期以来一直反对欧洲法西斯主义发展，呼吁推翻纳粹。1939年8月，两国外交部部长签署了《苏德互不侵犯条约》，令人大吃一惊。这是一项非侵略性条约，秘密商议将东欧划分为德国和苏联两大势力范围——波兰将被分为两部分，苏联将分得波罗的海国家和芬兰。希特勒和斯大林都知道这个协议只是推迟了不可避免的冲突，但希特勒需要自由和时间攻击法国，而斯大林则需要发展苏联武装力量的时间，毕竟当时苏联的军力还落后于大部分东欧国家。

不到两年，希特勒便决定攻下苏联，于是发布命令，开始巴巴罗萨行动。他的大胆计划是派出移动装甲部队双管齐下发动攻击：一支部队穿过波罗的海国家，前往列宁格勒和莫斯科；另一支南下，通过乌克兰前往基辅和顿涅茨盆地。最终目标是要在阿尔汉格尔斯克—阿斯特拉罕线以西的苏联取得控制权，北起阿尔汉格尔斯克，南至阿斯特拉罕。

这是一个乍一看能成功实现的计划。斯大林对此非常意外，不知道该如何应对"盟友"的这一双重背叛。在德军入侵后的一周内，苏军有15万人伤亡。9月26日，德军攻陷基辅，70万名士兵丧生。接下来，纳粹将目光投向了莫斯科。

苏军战获胜的希望看起来十分渺茫。斯大林

▲ 德军发现他们无法适应苏联冬季的气候。400多万名德军士兵因此丧生

考虑过逃离首都，但还是留了下来。渐渐地，这场战争逐渐转向对苏联有利的一面。随着供应线的延长，德军前进的动力逐渐减退，而苏联也采取了焦土政策，寻求撤退。冬季到来，苏联的降雨增加，这使德军不可能通过闪电战的方式迅速获胜。虽然德国军官声称，他们已近得可以看到克里姆林宫的尖顶，但他们还没有近到能够真正占领这座城市，而苏军的一系列反攻也在稳步逼退德军。4个月内，纳粹征服了大部苏联西部地区。但在接下来的4年里，纳粹被反击，逐渐退回了柏林，再也没能重新夺回东部阵线的主动权。

希特勒的过度自信使他付出了代价。德国发动的闪击战曾迅速击垮波兰，在短短几个小时内便制服丹麦，又在45天内征服了法国，于是希特勒开始相信纳粹这台战争机器势不可当。希特勒给了德军两倍的时间，即3个月攻打苏联。但他坚持认为德军会在严冬来临之前取胜，所以德军不需要准备冬季制服。即使入侵计划被推迟——计划原本定于5月15日开展，但由于巴尔干战役耗时过长，直到6月22日德军才开始入侵苏联。希特勒拒绝考虑应急计划，以避免国防军在冰冻的北方遭遇严寒。而当德军开始制订应急计划时，为时已晚。

然而，希特勒对自己犯错的回应是将头埋在沙子里并责怪周围的人。瓦尔特·冯·布劳希奇（Walther von Brauchitsch）元帅被从德国陆军总司令的职位上撤掉，由元首本人接任。希特勒坚持要在未来两年内对东部阵线进一步发动攻势，但元首对德军在苏联面临的问题却视而不见。由于苏联将其强大的工业生产能力运用到军工上，因此国防军在苏联领土上逗留的时间越长，苏联就越强大。

# 苏联大屠杀

纳粹对欧洲犹太人的种族灭绝是臭名昭著的，但鲜为人知的是，纳粹还大规模屠杀过苏联人民和战俘。战俘在被捕后，随即就被杀害。根据纳粹党的行政命令，任何政治委员都可以立即被处决，此处对"政治委员"的定义是模糊的，不仅包括从政的官员，还包括任何被认为是"彻底布尔什维克化"了的普通士兵。那些逃狱的人和在不人道的战俘营存活的士兵都会被安排参加前往前线的死亡游行，并在其中被虐待。据估计，在德军囚禁的苏联战俘中，57%的人死亡。在巴巴罗萨行动期间，战俘每天的死亡率为1%。相比之下，在德军手中死亡的英国和美国战俘只有3.6%。德国杀戮的目标不仅仅是苏军战俘，党卫军谋杀小分队杀戮的目标还有犹太人和共产党，而德军经常烧毁房屋、在水井里投毒，目的是清除整个村庄。

希特勒很清楚这些行为是非法的。因为《日内瓦公约》允许隔离不同种族的囚犯，虽然苏联没有签署《日内瓦公约》，但德国是签署方，理应以相应的方式对待战俘。但是，希特勒的目标是对苏联西部进行种族清洗，为德国少数民族提供居住空间。1941年至1945年，希特勒的非人道命令导致超过2000万苏联士兵和平民死亡。

▲ 东部战线的纳粹战俘营——此时正被海因里希·希姆莱检阅——完全没有遵守《日内瓦公约》的规则

# 如果希特勒拿下莫斯科，会怎样？

如果1941年阿道夫·希特勒的占领苏联计划成功，苏联随即解体，又会怎样？

**如果希特勒在巴巴罗萨计划中拿下莫斯科，会怎样？**

希特勒希望在6至10周的行动中击垮整个苏联。现在回过头再看，他是在天真地做着白日梦。希特勒得到的关于苏联储备和其他的情报数字都是错误的。不过即使奇迹出现，假设纳粹德国能击垮苏联，那么情况会和1917年至1918年非常相像。当时，德国在第一次世界大战东线赢得了胜利。在十月革命爆发后，布尔什维克和德意志帝国讲和。随后，德国才得以将火力集中攻向西线。鉴于这样的历史背景，如果德国和苏联开战，结果还真是难以预料。

**那么，为了成功占领苏联，当时的德国需要做些什么呢？**

人们争先讨论当时的希特勒是否胜券在握。讨论的核心围绕莫斯科的作用。R.H.S.斯托尔菲（RHS Stolfi）[①]认为，巴巴罗萨计划是战争的转折点。如果德军在1941年8月直攻莫斯科，那么德国就能成功击溃苏联（而不是采取曲线攻击，主攻乌克兰、围攻列宁格勒，然后才对准莫斯科——当时的气候条件已对德军不利）。实际上，真正的问题是"怎样才可以让苏维埃政权瓦解"。而德国在1917年至1918年就做到了，因为当时苏联政权不断更替，而布尔什维克愿意讲和。不过，1941年至1942年的苏联政权韧性极强，即使攻下莫斯科，苏联也不一定会解体。1917年，德军离莫斯科还很远，德军只攻下了基辅和里加，而这足以击溃沙皇俄国。后来的苏维埃政权似乎更为坚固，在民众中也获得了更多的支持。当然，即使是希望统治权更迭的人在见识到德军的暴行后也会改弦更张。

我认为，在1941年的任何时间点，德国都不会轻易攻克莫斯科。即使德军真的攻下了莫斯科，最终也还是会在苏军的冬季反击战中失败，和1942年至1943年的斯大林格勒保卫战一样，德军终将惨败。和拿破仑的经历一样，仅仅攻下莫斯科也不见得能击溃整个俄国。拿破仑的失败

---

[①] 美国海军研究生学院（蒙特利）名誉教授。——编者注

## 马克·米尔纳教授
（Marc Milner）

马克·米尔纳是加拿大新布不伦瑞克大学格雷格战争与社会研究中心的历史系主任、教授。他发表了大量关于大西洋之战和加拿大皇家海军历史的文章。米尔纳教授是第二次世界大战中加拿大皇家海军和皇家空军官方历史的记录者。他的《大西洋之战》获得了2004年加拿大军事历史最佳书籍类的C. P. 斯泰西奖。米尔纳教授近期研究的重点是诺曼底战役。他的《停下装甲：诺曼底登陆不为人知的故事》获得了由美国军事史委员会颁发的2014—2015年度詹姆斯·柯林斯图书奖。

▲ 如果在1941年德军入侵后，苏联沦陷，又会怎样？

▲ 希特勒的步兵行军数周，距离过远，最终将供给线拉得过长

是不可避免的。因此，坦率而言，我认为很难想象1941年的苏维埃政权会被击垮。我们可以认为1942年的苏联可能遭受一定程度的失败，但当时各种形势已经对德军不利。所以，鉴于苏联的储备、投入及整个国家的规模，我认为，德军是很难击垮苏联的。

**如果苏联成为轴心国一员，同盟国国家会作何反应？**

这主要取决于战争发展的阶段，也取决于其他国家的情况。要记住，在决定莫斯科生死之战爆发的同时，日军偷袭了珍珠港，这使美国也全面卷入世界大战之中。美国在此之前为英国提供了大力支持，但直到被偷袭，美国才正式加入战争。于是，德国也对美国宣战。鉴于此，如果苏联加入了轴心国，那么一场同英国和美国持续战争的大门也就顺势拉开了。

想象一个噩梦般的场景：德国和美国没有开战。一种避免德美交战的方式是，日军没有偷袭珍珠港，而是袭击了西伯利亚，在苏军命悬一线之际又捅了一刀。那么这或许会加速苏联崩塌，因为帮助莫斯科防御的武装力量是从西伯利亚派出的（苏联在意识到日军并无攻击苏联的意图之后才做出此决定）。

对英军而言，所有获胜的希望最终都会化成泡沫，因为美国不会加入战争。于是，德国或许会向英国呈现一个既定事实，那就是作为英国最大的陆地盟国，苏联已战败。记住，这也是拿破仑攻击俄国的原因之一：只有除掉英国最后的盟友，英国才能别无选择，只能开战。那么届时或许又会出现困局。

当然，也可能会出现这样的场景：希特勒占领了整个欧洲大陆，但在打败英国的问题上仍会面临重重挑战。不过，即使德国控制着欧洲大陆，第二次世界大战实际上还是可能会陷入停顿。英军一定会持续溃败，就像1942年图卜鲁克失守、纳粹德军潜艇战、纳粹德军空袭等，皆是证明。在这样的场景下，英国只得暂时求和。

**如果美国全面加入战争，巴巴罗萨行动的成功会持续吗？**

我们假设，即使日本攻向美国，并使得美

国参战，但在偷袭珍珠港后，苏联依然垮台了，那么这就和1918年的情况类似：当时的德国在东线取得了胜利，并将兵力撤回到西线，获胜的希望很大。而在大批美国援军抵达之后，当时的德国最终还是战败了。不过，从军事角度而言，1942年至1943年可能出现的情况确实是个有趣的问题。假设当时没有妥协的和平，那么同盟国还会轻而易举地获胜吗？

对此，不同的研究者有不同的见解。如诺曼·戴维斯（Norman Davies）等人——这种观点的主要支持派——认为整个战争都是由东部战线主导，同东部战线的战争规模相比，西部战线只是小打小闹，还暗示最终赢得战争的是苏联而不是同盟国。而持相反观点的是菲利普斯·奥布莱恩（Phillips O'Brien）。他认为，即使苏联沦陷，西方国家也能击败纳粹这台战争机器。在这一问题上，有一个很大的学术分歧。我持中立态度。在东部战线部署一部分兵力本应使德国能够牢牢守住欧洲大陆，而不会让同盟军大肆攻入。考虑到像诺曼底登陆这种重大行动会带来重重挑战，而当时的同盟军不像1918年的法国那样拥有庞大的作战土地，因此这对同盟军而言是一项挑战。我认为当时可能的情况是，陆地战中对土地方面利用率不高，出现作战盲点，英吉利海峡和地中海使作战双方分开。而空战则不可能出现部署盲点。奥布莱恩观点的核心是他认为第二次世界大战主要是一次空战。和轴心国相比，1942年至1943年，同盟国才开始获得空中优势，能够轰炸德国。

因此，对于有关各方而言，大家面临的是一种噩梦般的场景：同盟军最终需要许多年才会对纳粹德国发动地面战争，而且同盟军会继续空中战。因此，尽管理论上纳粹控制着欧洲大陆，但德国城市仍有可能被炸成灰烬。同时，正如我们所知，1945年，美国在日本投下了原子弹。而欧洲在这种情况下，研制原子弹的进程或许会被迫加速。因此，我们可以得出这样的结论：1945年，德国无论怎样都会失败，因为德国会得到和日本的广岛、长崎同样的待遇。鉴于德国比日本领土位置优越、资源丰富，要摧毁希特勒政权，需要的炮弹还要更多才行。

▲ 苏联当时也在生产坦克，其数量和德国的相当。但由于德军干扰生产、迁址工厂，苏联的部分坦克生产被迫中止了数月

▲ 希特勒决定用他的威慑和恐吓之计对付苏联，但这一计划仅在最初的几周有效

## 图片来源

| | |
|---|---|
| 页65 | ©Bundesarchiv Bild; Joe Cummings; Corbis |
| 页98—99 | © Alamy, Getty, Rex Features |
| 页99 | ©Roger-Viollet/Rex/Shutterstock |
| 页116—117 | © DK Images |
| 页127 | ©Alamy, GettyImages, JoeCummings, EdCrooks |
| 页148—149 | © Alamy, Ed Crooks, Rex Features |
| 页160—161 | © Ed Crooks |
| 页164—165 | © Alamy |